AF451849

MOUSSA DU COURTHIAL

MA
Petite Bolchevique

LYON

AUX DEUX-COLLINES

3, rue Davout

1922

MA PETITE BOLCHEVIQUE

MOUSSA DU COURTHIAL

MA
Petite Bolchevique

LYON

AUX DEUX-COLLINES
3, rue Davout

1922

I

DE PORTO-RICO A VLADIVOSTOK

OBLIGÉE de quitter Porto-Rico pour aller en Russie, il ne me reste que le choix de la route à suivre. Irai-je par l'Espagne, la France, l'Angleterre et la Suède, ou, comme un écolier, prenant le plus long, passerai-je par les Etats-Unis, le Japon et la Sibérie? Après quelques hésitations, j'écarte le trajet qui me ferait connaître Londres et Stockholm. L'attrait de l'Extrême-Orient est trop puissant, ma décision est prise, je m'embarquerai pour New-York par le prochain paquebot.

Attristée, je parcours la ville. Voici la « Marina » avec ses petites embarcations, amarrées au quai, prêtes à vous conduire en rade. Les vendeurs de bananes, d'oranges, de « chicharron » (grillade de porc) et de pâtisserie l'emplissent de mouvement et de bruit.

Je grimpe jusqu'à la place Baldorioty, vrai décor d'opéra-comique. Presque carrée, avec une jolie plateforme au milieu pour les piétons, ombragée par des pins parasols, des rouvres et des lauriers en fleurs, elle se détache nettement sur le fond de la mairie et d'autres édifices qu'on croirait bâtis en cartons de différentes couleurs. De gros globes électriques d'un blanc laiteux brillent entre chaque arbre comme d'énormes oranges dont on aurait enlevé l'écorce.

J'aime surtout cette place les soirs où la musique municipale vient y jouer. Les trois rangs de chaises qui la bordent sont immédiatement retenus par les amateurs. Des jeunes filles, des mulâtresses pour la plupart, dont la peau parcourt tous les tons depuis le bronze foncé jusqu'au blanc bruni par le soleil, revêtues de robes très voyantes, irréprochablement chaussées, imprégnées de parfums violents, des grands nœuds de rubans clairs dans les cheveux, s'y promènent posément avec leurs cavaliers tirés à quatre épingles. Un couple suit l'autre, les jeunes gens se parlent à mi-voix et tournent en cercle des heures entières sans hâte ni lassitude. La « banda » cependant fait entendre tantôt de la musique classique, tantôt des airs du pays ou des « danzones » cubains. Les accords créoles déconcertent au début l'oreille euro-péenne ; il est difficile de suivre la mélodie au milieu du tapage du tambour et du raclement du « güicharo », mais petit à petit on en perçoit le charme et la langueur. Dans les « danzas », les musiciens ont l'air d'improviser et c'est purement par acquit de conscience que leur chef bat la mesure. Tous se dandinent, dansent presque, les notes s'emparant de leurs corps.

Montons encore. Voilà le manoir de Ponce de Léon, avec sa triple enceinte, ses créneaux et son minuscule château de Castille. Puis vient le Morro, formidable bastion espagnol, qui porte un phare et domine l'océan. Les vagues roulent, se brisent et couvrent impuissantes ses versants sombres. Des deux côtés de la route qui y conduit sont placés des obus et des grenades peints en blanc, livrés aux Américains avec la place en 1898. Les vieilles murailles partent de là pour faire le tour de la ville et se perdent au loin traçant une ligne noire sur l'écume des flots. Tout en bas, bercé par la mer, l'ancien cimetière avec son columbarium.

... Nous partons du fin fond de la baie au milieu de la nuit après je ne sais quelle manœuvre que l'obscurité rend difficile, marchant si lentement que le jour, me semble-t-il, nous verra sortir du port.

C'est la première traversée de Porto-Rico à New-York depuis que la Grande République a déclaré la guerre à l'Allemagne. Un prospectus qui m'est remis le matin me rappelle que j'ai une ceinture de sauvetage à portée de la main et m'assigne l'embarcation où je dois prendre place en cas de mauvaise rencontre. Avis y est donné qu'un simulacre d'alarme aura lieu dans l'après-midi. A 4 heures, en effet, sur un coup de sirène, tout le monde revêt sa ceinture de sauvetage et se précipite vers son canot. Cette opération si simple ne va pas cependant sans quelques incidents comiques. L'embonpoint de certains de mes compagnons leur interdit de boucler la ceinture. Les bonnes sœurs et les prêtres offrent un aspect déconcertant : la gravité de leurs costumes contraste trop avec les coussins de liège qui les bardent. Le soir, surprise désagréable : aucune lumière à bord ; sur le pont, les fumeurs sont priés d'éteindre leurs cigarettes. Chacun, non sans méprise, rentre chez soi à tâtons. Pas d'électricité dans les cabines, on se couche dans les ténèbres.

Six jours s'écoulent interminables et nous sommes à New-York.

Quelle impression ! On attend le maréchal Joffre ; la ville est pavoisée aux couleurs alliées, l'Old Glory flotte partout, la foule court dans les rues. Il fait froid, mais cependant un soleil printanier nous éclaire et des fleurs sont en vente de tous côtés. Je m'attendais à voir une cité abîmée dans les affaires, une métropole du commerce et de l'industrie, et voilà que je croise des visages gais, des femmes élégantes, des flâneurs. La hauteur des maisons m'écrase et la longueur des distances me confond.

On m'engage à ne pas poursuivre mon voyage. Je ne veux pas reculer et suis déjà en quête d'itinéraires, d'horaires et de billets. Puisqu'il m'est impossible de suivre ma route sans délai, je mets à profit mes quelques jours d'arrêt et visite monuments, parcs et musées, parcours les promenades et les environs.

Après l'agitation de New-York je trouve une impression d'apaisement à Vancouver et à Victoria. La douceur et le calme de leurs vastes avenues ombragées me pénètrent. Mais avant d'y arriver quel beau trajet! Les chutes du Niagara, Toronto, Banff, les forêts, les montagnes du Canada, les buffles en liberté, les indiens à cheval et, de nouveau, la civilisation la plus raffinée.

Un magnifique paquebot anglais *Empress of Russia* nous emporte vers le Japon. Orchestre hawaïen, immenses salons salle de gymnastique, service de table étincelant, rien n'y manque. Nous marchons à grands pas vers l'Extrême-Orient. Nous le trouvons déjà à bord. Les domestiques sont chinois et japonais.

En première quelques Russes se mêlent aux Américains, aux Chinois, aux Nippons. En seconde et en troisième il n'y a paraît-il, que des Russes. Ils sont rapatriés par le nouveau

Gouvernement. Anciens exilés politiques, d'aucuns évadés de Sibérie où les avaient conduits leurs idées avancées, ils n'ont pas hésité à abandonner les positions acquises aux Etats-Unis pour revoir leur patrie. Beaucoup d'entre eux, les plus bruyants, sont presque des enfants, ils ont dû conspirer au berceau. Avant le départ ils arborent des pavillons rouges ou noirs, emblèmes de la révolution et de l'anarchie, chantent de toute la force de leurs poumons et tapent à tour de bras sur le piano.

Le Médecin est navré, il ne sait où donner de la tête. Ayant à peine fait connaissance, les jeunes Russes se prouvent déjà l'ardeur de leurs convictions et l'excellence de leurs systèmes politiques à grands renforts de coups de poings. Les socialistes sérieux, les purs, sont navrés de ces scènes déplorables et, dès le début, forment groupe à part.

La traversée continue sans autres incidents, bourgeoisement. Nous sautons un jour et passons du jeudi au samedi, le vendredi étant sacrifié à la différence de 18 heures qui existe entre le méridien de Greenwich et son collègue japonais. Quelques passagers se félicitent d'avoir un jour de moins à souffrir du mal de mer. Leur gaieté tombe quand ils comprennent qu'ils n'ont pas gagné une minute de répit.

Le Japon réel sera-t-il aussi beau que celui de mes rêves? Ne perdra-t-il pas poésie et couleur?

Dans la brume du matin quelques silhouettes se dessinent à terre. Une Japonaise, son enfant sur le dos, trotte menu sur le quai, semblant attendre quelqu'un. Le corps incliné en avant, perchée sur ses sandales de bois, elle a l'air d'une poupée articulée. Deux autres se tiennent à l'écart. Sous l'auréole blanche des parapluies en papier, je distingue nettement les kimonos obscurs, les coiffures compliquées, les formes graciles. Elles sont bien telles que je les connaissais par les gravures. Mais les voilà qui aperçoivent un ami à bord. Elles s'inclinent presque jusqu'à toucher le sol de leurs mains, sourient, s'inclinent encore, s'inclinent plusieurs fois de suite, en un plongeon court et rythmique.

Nous accostons. Il pleut, mais tout est si nouveau, si étrange, si bigarré autour de moi que l'averse me semble joyeuse. Les porteurs à l'abri de l'eau sous leurs longs vêtements de paille m'installent dans une « rikisha ». J'appréhendais ce moyen de locomotion, mais je dois avouer qu'il est très agréable. Le « kurumaya » qui traîne ce léger véhicule le tire avec une telle aisance, sans hâte, d'une façon si naturelle que je ne ressens pas l'humiliation que je redoutais d'éprouver en voyant un être humain attelé comme une bête de somme.

Un fait m'étonne dès l'abord. Le Japon, le brave et héroïque Japon, dont la flotte surveille les mers et dont l'armée a si brillamment chassé les Allemands de Kiao-tcheou, semble ignorer la guerre. Pas de troupes, pas de soldats, aucun uniforme dans les rues. Nul passeport n'est exigé. L'aspect des villes de l'Empire du Soleil Levant est celui d'un jour de fête.

Comment oublier la « Ginza » le soir ?...

A la lumière vacillante des flambeaux et des lanternes en papier de toutes formes et de toutes nuances, les baraques installées des deux côtés du boulevard de Tokio étalent par terre un ravissant assemblage de bibelots. Les Japonais debout, ou accroupis tels des bouddhas, les offrent gravement aux passants. Vieux bronzes, gravures sur bois, joucts futiles, on a envie de tout emporter de ces petits bazars féériques et mystérieux. Rien n'y rappelle l'Europe. On ne voit que des kimonos, on n'entend que le choc des sandales de bois contre le pavé.

Le Yamato est un pays qui sourit d'un sourire d'une infinie douceur. Les temples en laque rouge, incrustés or et argent, riches et somptueux, avec leurs animaux-dieux gravés sur les murs, président, débonnaires, aux destinées des capricieuses cités.

Malheureusement, j'ai dû m'arracher trop tôt à ce

paradis où tout est joli et poétique, laisser le royaume des
guéishas et des samouraïs, et, après avoir parcouru en chemin de fer la faible distance qui sépare Tokio de Tsuruga,
m'embarquer à la hâte sur le *Pensa*, de la flotte volontaire
russe, pour me rendre en moins de deux jours en face de
Vladivostok.

C'est à dessein que je dis en face, car depuis 8 heures
du matin jusqu'à 1 heure de l'après-midi, notre bateau croise
devant la ville sans pouvoir entrer au port. Nous sommes
plongés dans le brouillard, la sirène siffie éperdûment. Le
premier contact avec ma patrie n'est pas engageant. Il l'est
même de moins en moins car nous ne pouvons débarquer
qu'à 5 heures du soir après avoir satisfait aux innombrables
formalités d'une douane sévère et méticuleuse.

La déconvenue de quelques socialistes déscendus à terre
en même temps que moi m'amuse un instant.

Pendant la traversée ces intransigeants avaient confec-
tionné un rutilant drapeau anarchiste pour leur servir de
point de ralliement. Ils préparaient une entrée triomphale
aux accents des chants les plus libertaires, mais à peine notre
navire avait-il jeté l'ancre que leurs camarades de la ville les
prévenaient qu'une manifestation semblable avait été disper-
sée par la milice quelques jours auparavant et que le plus grand
nombre de ceux qui y avaient pris part était encore en prison.

Avec une incroyable rapidité et un ensemble qui fait honneur
à la discipline du parti, ces farouches révolutionnaires se
débarrassant vivement de l'encombrant étendard, débarquent
fort sagement comme de vulgaires et paisibles capitalistes.

※

Je ne suis restée qu'une demi-journée à Vladivostok. Un
port en demi-cercle où des montagnes abruptes viennent se
baigner dans la mer ; une seule grande artère européenne,
le long de laquelle se sont alignées toutes les maisons de
commerce importantes ; une route ondoyante qui, par le
bord de la mer, va se perdre dans les environs ; un vaste
quartier chinois, où résident également beaucoup de Japonais ; des quais bondés de marchandises, de camions automobiles, de matériaux de toutes sortes accumulés là depuis
des mois et des mois, — voilà ce que j'ai vu dans une rapide
promenade en attendant le départ du Transsibérien. La ville
m'a paru coquette et assez propre, tout au moins au centre,
car les faubourgs asiatiques laissent à désirer.

En temps de paix ma première impression aurait certainement été meilleure, car j'ai gardé le souvenir de la Russie
d'il y a six ans et de la vie large et facile qu'on y menait. Com-

ment s'habituer à tous ces magasins fermés de bonne heure, aux prix exorbitants, aux difficultés sans nombre heurtées à chaque pas?

Je ne crois pas me tromper en disant qu'avant la guerre le voyageur arrivant en Russie était surpris de l'abondance et du bon marché de toutes choses, de la cordiale hospitalité des gens. Le plus modeste buffet de gare était surabondamment pourvu de vivres, on y trouvait à profusion tout ce qu'il faut pour des repas pantagruéliques chauds ou froids. Il est loin d'en être ainsi maintenant. Partout on se sent rationné, limité, gêné. Pourtant quand je compare Vladivostok avec la majorité des villes de la Russie Centrale traversées depuis, je m'en fais une terre de Chanaan !

II

EN TRANSSIBÉRIEN

Par quel enchaînement providentiel de circonstances heureuses ai-je pu prendre le train pour Petrograd à 9 heures du soir en n'abandonnant qu'une partie de mon bagage, je ne me l'explique pas encore. Il fallait alors retenir sa place au moins deux mois à l'avance pour l'express hebdomadaire si l'on voulait éviter le voyage sur les marchepieds ou les toits des vagons des trains ordinaires envahis par les soldats. Inutile de penser aux voitures pour se rendre à la gare. On était à la merci des portefaix. Une malle contenant plus de 7 pouds (280 livres) était considérée comme marchandise ; il fallait en retirer immédiatement l'excédent ou solliciter une autorisation spéciale dont l'accord problématique était précédé d'une déclaration et d'une visite interminable où tout était estimé, pesé et contrôlé pièce à pièce. Ces opérations demandaient plusieurs jours. D'autre part, impossible de rester en ville, tous les hôtels étant archi-pleins. Enfin, dans un louable désir d'être toujours agréable au public, l'administration n'acceptait l'enregistrement des bagages que trente minutes avant la mise en marche de la machine. J'ai vu un voyageur ouvrir avec rage sa malle et la délester de la moitié de son contenu, des livres d'étude qu'il jetait furieusement sur le sol. D'autres sacrifiaient leur linge. Quelques-uns, désespérés, renonçaient au triage et abandonnaient tout sur le quai.

La locomotive siffle déjà. Des affolés courent de tous côtés. Des femmes pleurent, des enfants crient, des employés énervés rudoient tout le monde. Quelle bousculade! Quel brouhaha!

Victoire! En dépit de ce tohu-bohu, je trouve ma place et m'installe tant bien que mal.

Avant 1914 ce train était un modèle de luxe et de confort : excellent restaurant, salon, fumoir, salle de bains; on y organisait soirées et concerts. La propreté était méticuleuse. Malheureusement, dans ces trois dernières années, le Transsibérien n'a gardé que son nom et se compose d'un assemblage hétérogène de vagons ordinaires pris un peu partout. Le personnel a cessé d'être poli et ne respecte que les balais dont il fait un usage aussi espacé que possible. Rien n'est même époussté et de loin en loin le conducteur se borne à arroser le plancher avec une petite théière. Ces observations sont rétrospectives, car je ne remarque rien au début, toute à la volupté d'être enfin installée et prête à partir.

Pendant que je range mes paquets dans le vaste filet qui est au dessus de ma tête, je vois entrer le premier de mes compagnons de voyage. C'est un petit vieillard d'aspect sympathique qui me salue fort courtoisement, veut m'aider à mettre mes colis en ordre et m'offre ses services en cours de route.

Notre tête-à-tête est interrompu par l'irruption d'une dame d'une trentaine d'années, aux allures provinciales, grande, maigre, accompagnée de trois messieurs courbés sous le poids d'une invraisemblable quantité de paniers, couvertures, oreillers, etc. Elle pousse des cris indignés, dit que tous les porteurs sont des voleurs, et parlant avec volubilité m'explique familièrement, comme à une amie d'enfance, qu'un de ces « rasboinik » (brigand) a osé lui demander 50 roubles (72 francs) pour lui transporter son bagage à main. Les autres ont grossièrement refusé de traiter avec elle, prétendant ses colis trop nombreux. Elle interrompt ses lamentations pour faire ses adieux à tout son monde ; le train s'ébranle, le cortège de la bonne dame descend à la hâte et nous roulons déjà quand un voyageur apparaît tout essouflé.

C'est un jeune juif, très brun, très gras et très peu soigné.

Le lendemain je me réveille au grand jour. Quelle n'est pas ma surprise de voir mes trois compagnons de voyage noirs comme des corbeaux! Sur le moment je crois à un cauchemar, mais en me regardant dans la glace, je m'aperçois que je suis également couverte d'escarbilles. Cet horrible charbon nous accompagnera jusqu'à Petrograd.

Aussitôt levée, ma voisine ouvre un énorme panier plein de victuailles, installe à ses pieds un grand carton à chapeau bourré de pain, pose une théière sur la table et se fait les honneurs d'un copieux petit déjeuner. Très aimablement, elle m'engage à le partager. Alexandra Vasilievna Petrovna retourne à la capitale. Pour ne pas être obligée de perdre tout son temps dès l'arrivée aux portes des fournisseurs, elle emporte des provisions. Sa seule crainte est que tout ne soit confisqué par la douane ou dégusté à sa santé par les « tovarischi ».

Les Français de 1789 s'appelaient entre eux citoyens, les révolutionnaires russes disent « tovarisch » (camarade). Ce terme qu'ils continuent à employer dans son véritable sens n'est qu'ironie dans la bouche des gens bien élevés et acquiert même, par la suite, une nuance de mépris résigné.

Un passant vous bouscule dans la rue et pour s'excuser

vous insulte grossièrement — « tovarisch » ; une bande de « frères et amis » entre chez vous, fait en votre présence une perquisition minutieuse de votre appartement et emporte ce qui lui convient — « tovarisch » ; en chemin de fer des soldats jettent vos valises par la fenêtre pour se faire de la place — « tovarisch ».

Donc, Alexandra Vasilievna craint les « tovarischi » et leur conception simpliste de la liberté dont ils s'autorisent pour commettre naïvement des actes de pure goujaterie.

Je jette un coup d'œil par la fenêtre. C'est une vaste plaine, grise et morne, coupée de ci de là par de petits buissons. La monotonie en est interrompue par des villages mongols et des stations très animées pleines de Chinois, de Coréens, de Tartares. On voit au loin des espèces de châteaux moyennageux. Le vieux monsieur m'explique que ce sont tout simplement des maisons chinoises.

« Derrière ces hautes murailles, me dit-il, se trouvent de petits pavillons. La salle à manger, le salon, chaque chambre est un minuscule pavillon séparé. Je connais parfaitement la Sibérie, ajoute-t-il, je l'ai parcourue en tous sens depuis bien longtemps. On se plaint du peu de confort de notre train, songez au voyage en ce pays il y a 40 ans ! Je partais de Krasnoiarsk en traîneau. Mon absence durait plusieurs mois. Je m'y préparais longtemps à l'avance. Il fallait tout emporter avec soi. Le froid était si rigoureux que je mettais plusieurs paires de bas de laine et des bottes de feutre montant plus haut que le genou. Je m'emmitouflais dans deux, trois pelisses et par-dessus je revêtais une peau d'ours. J'avais un bonnet de fourrure enfoncé jusqu'aux oreilles et des gants épais. Dans cet accoutrement il m'était presque impossible de marcher, et la nuit, dormant au fond de mon traîneau, je ne pouvais me retourner. J'emportais des soupes et des « pelemeni » (sorte de raviolis) gelés.

— Comment, des soupes gelées ? » m'écriai-je.

— Oui, avant de me mettre en route, ma femme me préparait divers potages. Elle les versait fumants dans des assiettes creuses et les laissait se refroidir. Quand ils étaient devenus durs comme de la pierre, il n'y avait plus qu'à les détacher de leurs récipients et les mettre dans des sacs comme de simples galettes. A l'auberge, si j'en trouvais une, ou chez un paysan, on m'apportait le samovar et je faisais fondre mon repas. Je n'ai jamais souffert de la faim. Le mauvais côté de mes voyages était l'impossibilité de me tenir propre. Aussi, au retour, avant d'aller chez moi, je m'empressais de me rendre à la « bania » (bains russes) et j'y restais plusieurs heures. Le Transsibérien n'est qu'un jeu d'enfant ! J'ai 70 ans et j'y repose mieux que dans mon lit !

Nous arrivons à notre premier grand arrêt, Kharbin, ville que la Chine a cédée au gouvernement russe pour servir de gare au Transsibérien. Elle y occupe une situation à peu près analogue à celle du Canal zone dans l'isthme de Panama. Les voyageurs attendent cette station avec impatience — c'est la seule ville, paraît-il, où l'on n'est pas rationné pour le sucre et le thé, aussi on se propose d'y faire des provisions. Cinq livres de sucre et trois de thé par personne, c'est le maximum autorisé par la douane. A peine stoppés, c'est un défilé vers les maisonnettes échelonnées des deux côtés de la voie. Les paquets sont préparés d'avance, chacun saisit les siens et les emporte comme un trésor.

Je fais les cent pas sur le quai, lorsqu'arrive le jeune israélite de mon compartiment, l'air radieux.

« J'ai acheté de tout », me dit-il, en me montrant une quantité de petits cornets faits avec de vieux journaux, « voilà du saucisson, du beurre, du poisson frit, du lard, du pain blanc, — vous n'en trouverez pas à Petrograd de celui-là, des gâteaux — finis les gâteaux — vous n'en aurez pas pour tout l'or du monde. Et vous, vous n'achetez donc rien ? Quoi, pas même du sucre et du thé ? Je vous assure que vous avez tort. Nous manquons de tout à la capitale et si vous en avez trop pour vous, vous pouvez toujours le revendre avec profit une fois arrivée. On se rembourse ainsi le prix de son billet. Qui ne fait ça, surtout lorsqu'on a la chance de venir de Vladivostok ! Ainsi tenez ! moi, je passe mon temps en chemin de fer. Depuis un an, je vais à Vladivostock, j'y achète de la confection, du linge, des chaussures, j'en bourre des petites valises que j'emporte avec moi dans le vagon parce que ce qui est enregistré comme bagage est perdu d'avance. Une fois à Petrograd, je me débarrasse facilement de mes emplettes. Le métier n'est pas aussi bon qu'il paraît, il est vrai que chaque jour la demande augmente, mais par contre le nombre de mes imitateurs va croissant. Même les femmes s'en mêlent ! ».

Nous repartons. Dans le couloir, au milieu d'un groupe un monsieur crie d'un ton furieux :

« Je ne suis pas partisan de ces nouveautés. Sous prétexte de progrès on bouleverse tout ce qui était auparavant. Enfin, vous avouerez que c'est ridicule de changer même l'orthographe. Voilà qu'il faut écrire le russe comme il se prononce. Ces messieurs appellent ça l'orthographe phonétique. Alors, ils sont sourds ? Ils n'entendent donc pas toutes les nuances des lettres. Ça choque l'œil de voir des mots estropiés, on dirait des blessés d'une guerre civile. Et mes années d'études perdues alors? N'importe quel cancre va pouvoir écrire aussi bien que moi! C'était bien la peine de me faire punir si souvent à l'école! »

Ce regret provoque un éclat de rire général. Les 48 heures passées ensemble nous ont rendus tous amis, nous prenons nos repas en commun, jouons aux cartes, échangeons livres et journaux. On s'ennuie beaucoup moins que je ne l'aurais cru.

Au fur et à mesure que nous avançons, la nature se montre moins sévère. Voilà déjà des montagnes aux sommets arrondis comme les ballons des Vosges. Elles sont couvertes de pins, de sapins, de cèdres. Enfin, nous voici au Baïkal. A nos pieds l'eau s'étend à l'infini comme une grande tache bleue ; des hauteurs qui s'y baignent se précipitent des torrents écumants. Cette nature somptueuse force mon admiration, mais on me dit que je n'en vois que la partie la moins belle et que le train ordinaire qui n'a pas le même parcours traverse des contrées autrement magnifiques.

✳

Irkoutsk.

Impossible de rendre la saleté de la gare. Le sol est jonché de membranes de graines de tournesol qu'hommes et femmes crachent loin d'eux, sans souci des passants. Ce régal de nos paysans, véritable passe-temps des campagnards, la Révolution l'a mis à la mode dans les villes ! C'est malpropre et glissant, mais c'est une des conquêtes de la liberté ! Les soldats fourmillent sur les quais, les salles d'attente sont des campements où les civils n'osent pas pénétrer.

A grands coups de coude, les « tovarischi » se frayent un chemin dans la foule, prennent d'assaut les trains en formation, grimpent agiles sur les toits et s'y installent de leur mieux. Les vagons à bestiaux sont bondés d'amateurs, les bancs couverts de monde. On s'assied par terre, en tas, épaule contre épaule.

Toute cette soldatesque s'est envoyée elle-même en permission pour assister au partage des terres, dont le bruit, propagé par les Allemands, a couru au front dès le renversement de l'ancien régime. Quelques officiers tentent de mettre un peu d'ordre dans la foule qui ne garde de l'armée que l'uniforme. Vains efforts ! On répond « oui, oui », à toutes leurs observations, mais on n'en fait qu'à sa tête.

Notre arrêt se prolonge indéfiniment. Le chef de train parlemente avec les « démocrates-révolutionnaires ». Il essaie de leur démontrer que le Transsibérien ne peut retarder les convois ordinaires. Rien n'y fait. « Si le train des bourgeois part avant le nôtre, nous brûlons la gare et démolissons tout ». Force nous est donc d'attendre la mise en route de ces messieurs et de continuer notre marche derrière la petite vitesse.

Les arrêts se multiplient, maintenant ils ont même lieu en pleins champs, puisque les gares sont accaparées par les camarades-soldats. On en prend gaiement son parti. La nature est luxuriante autour de nous, la terre merveilleuse, l'air chaud et pur, les prés pleins de fleurs. Clochettes, marguerites, boutons d'or, bluets, coquelicots, diaprent l'herbe vert tendre à perte de vue. Le cristal des ruisselets scintille partout. C'est si engageant que nous descendons des voitures et organisons des jeux de plein air : les parties de cache-cache, de colin-maillard, de quatre-coins commencent. Les enfants jouent déjà aux barres et à saute-mouton. Le plus philosophe d'entre nous, au risque de manquer le départ, qui d'ailleurs n'est annoncé par aucun signal, descend une colline et va tranquillement se baigner dans une jolie petite rivière.

Nous traversons les monts Oural, barrière de l'Europe, dont les hautes cîmes se multiplient à l'infini sous le soleil. Dans peu de jours nous serons à Petrograd. Les gares sont pavoisées aux couleurs révolutionnaires. Sur les murs de grandes pancartes blanches aux lettres noires disent, en énormes caractères : « Vive la République démocratique de toutes les Russies ! », « Vive la Russie Libre ! », « Vive la Russie révolutionnaire ! »

Nous recevons la nouvelle d'une grande victoire en Galicie. C'est la première depuis la révolution. C'est donc le début d'une nouvelle offensive, c'est donc la fin de l'anarchie ! On pleure de joie.

Mais bientôt les soucis du voyage nous reprennent. Nous nous préparons comme pour une bataille. C'en est une, en effet, que nous aurons à livrer aux douaniers, cochers et portefaix. Les questions se croisent : « Viendra-t-on vous chercher à la gare ? ». « Avez-vous des amis à la capitale, descendez-vous chez eux ou à l'hôtel ? » On se groupe par sympathie, on décide de mettre les bagages en commun afin de diminuer les frais de transport et de traiter de puissance à puissance avec les camionneurs.

Deux heures avant d'entrer dans la ville de Pierre le Grand, la milice vient nous rendre visite. Elle perquisitionne partout et finalement nous quitte, non sans avoir notifié au jeune juif qu'il devra rester consigné dans le train jusqu'à nouvel ordre. Le contenu des petites valises de notre compagnon de voyage ne correspond pas très exactement, paraît-il, à ses déclarations en douane. Indigné, il proteste de son innocence, prétend qu'il est victime d'une négligence des employés de Vladivostok, d'un simple oubli de visa, mais dès que nous sommes seuls, avoue qu'il a bel et bien essayé de tromper le fisc.

III

LA VIE A PETROGRAD

9 juillet 1917, 5 heures après-midi, Pétrograd.

Personne n'est venu à ma rencontre. Bientôt j'apprendrai qu'aucun des télégrammes annonçant mon retour et pour lesquels j'avais pourtant payé la triple taxe d'urgence, n'a été remis au destinataire. Ils lui seront livrés quelques jours après mon installation.

Me voici chez moi. A ma grande surprise, car nous sommes en été, j'apprends que beaucoup de mes relations sont encore en ville. On n'ose quitter Petrograd de peur de ne plus pouvoir y rentrer pour l'hiver. Je me fais une fête d'aller voir mes amis dès le lendemain, ce qui prouve mon ignorance totale des conditions de la vie actuelle. Avant la révolution, les journées se passaient en visites ; maintenant, on s'isole, on reste dans son coin, on ne veut voir personne.

D'ailleurs, les moyens de communication n'existent presque plus. Lorsqu'un cocher consent à vous prendre dans sa voiture, ce qu'il ne daigne pas toujours faire, il vous impose un tarif exorbitant. Quant aux tramways, la foule les prend à l'abordage et de véritables grappes humaines s'y suspendent. D'aucuns, cramponnés à leurs voisins, n'ont qu'un point d'appui sur le marchepied, tout le reste du corps est en dehors de la voiture. Si vous avez le courage d'essayer de monter, il vous faut résister à la plus effroyable des bousculades, et si, après avoir risqué d'être jeté à terre et piétiné, vous avez la fortune de trouver une place debout à l'intérieur — il ne faut pas songer aux places assises monopolisées par les « tovarischi » — vous avez beaucoup de chances d'être dévalisé. Les pickpockets pullulent. Signe particulier : ces aigrefins sont souvent très bien mis, ou, ce qui est pire, habillés en soldats.

Il paraît, en effet, que les soldats vendent leurs uniformes au plus offrant. Ce n'est d'ailleurs pas le seul commerce auquel ils se livrent. Se déplaçant gratuitement sur toutes les lignes de chemin de fer, de bateaux et de tramways et n'étant pas soumis aux formalités de douane, ils en profitent pour arriver à Petrograd chargés de vivres et s'y établir en plein vent marchands de conserves, de légumes, de fruits, etc.

Vraiment je crois rêver quand je parcours les rues de ma ville natale. Avant, je trouvais un peu froide et trop nette l'aristocratique cité. Maintenant, on ne balaye plus, la démocratique graine de tournesol est partout, les voies sont devenues de véritables bazars, où se coudoie une foule insolente au milieu des cris et des injures.

Sur les quais de la Néva et la Morskaïa c'était un régal des yeux de se promener. Le défilé de superbes attelages, de magnifiques automobiles, de belles toilettes était continuel. Aux mois de mai et de juin, par les nuits blanches, on allait à la Pointe, aux îles, assister au coucher et au lever du soleil. Tout cela n'existe plus. Les équipages ont disparu, les automobiles sont rares et celles qui passent transportent des soldats et des filles qui rivalisent de grossièreté et de mauvaises manières. On borne son ambition à se glisser inaperçu au milieu de cette tourbe.

Mais, quelles sont ces femmes qui, un mouchoir sur la tête, courent à toutes jambes? Je pense tout de suite à un accident. — Ce sont des cuisinières, des bonnes, qui vont au marché journalier. Elles se précipitent chez le boulanger, le boucher, le laitier et autres fournisseurs...

Aucun des pays en guerre n'est aussi rationné que la

Russie. Le manque de vivre vous oblige à attendre des heures devant la porte des magasins. 24 heures ne suffiraient jamais à s'approvisionner si l'on ne s'entr'aidait pas. Il ne suffit pas de courir d'une file à l'autre, il faut encore se concilier la sympathie de la personne qui vient immédiatement après vous pour qu'elle consente à vous garder votre tour pendant que vous allez à d'autres commissions.

C'est devenu un métier. Dans les maisons on a maintenant un domestique spécial pour aller aux emplettes, comme on avait avant un cordon bleu ou un valet de chambre.

La nécessité d'écrire à des parents de Moscou me fait découvrir une autre profession improvisée, qui, je dois le dire, rend les plus grands services. La poste existe toujours, mais les lettres, quand elles arrivent, ont modestement six ou huit jours de retard. Les employés du chemin de fer ont eu l'heureuse idée de se convertir en facteurs volontaires.

Quand vous avez une lettre ou un colis à expédier, vous allez à la gare, vous faites queue au vagon où se tient le bureau ambulant et remettez votre paquet, car même une lettre doit être enveloppée dans du papier d'emballage et ficelée comme un colis postal, ce qui est, paraît-il, beaucoup plus commode. Le port de votre envoi vous revient à plusieurs roubles pour le moindre petit mot. On n'y appose pas de timbre, mais « l'artiel » (syndicat) vous donne l'assurance que votre correspondance sera livrée à domicile, moyennant pourboire, bien entendu, le jour même de l'arrivée du train.

Ce service fonctionne très bien. Il n'a qu'un défaut, c'est qu'on est obligé de passer sa journée à la gare pour arriver au vagon postal et que souvent, quand on est sur le point de l'atteindre, on vous avise que la réception de la correspondance est terminée et qu'il faut revenir le lendemain.

Pour me remettre d'une de ces longues et infructueuses attentes, je vais avec mon beau-frère au buffet prendre une tasse de thé. Nous nous installons. Il dit au garçon :

« Apportez du thé pour « barina » (Madame) et pour moi ».

— Il n'y a plus de « barina », répond celui-ci, ma femme aussi est une « barina ».

— Entendu, mais alors comment dois-je dire ?

— Dites Madama.

— Mais, nous sommes Russes et je vous parle en russe, quel mot russe faut-il employer ?

— Madama », insiste-t-il, et il s'éloigne en grommelant.

Nous l'entendons soumettre la question derrière le comptoir à d'autres experts en linguistique. Les avis doivent être très partagés pour cette question de protocole, car la discussion se prolonge, mettant à l'épreuve la patience des consommateurs. De guerre lasse, nous laissons quelque monnaie sur la table et partons.

La monnaie, voilà encore une de mes surprises... Je ne puis m'habituer à ces vilains bouts de papiers de toutes couleurs, de toutes dimensions qui ont remplacé nos pièces d'or, d'argent et de cuivre. Il y en a qui sont de véritables timbres-postes. On a peur de les coller, par mégarde, sur une enveloppe. Quand on va acheter un timbre et qu'on le paie en cette monnaie, on a l'air d'un philatéliste qui fait des échanges. Les coupures d'un copeck ont une valeur réelle si minime que même les mendiants les refusent quand on leur en donne. Des porte-monnaie divisés en une infinité de petits compartiments destinés à recevoir ces billets liliputiens sont en vente. On dirait des portefeuilles de poupées.

D'ailleurs, les trésors d'un milliardaire lui seraient actuellement aussi utiles à Petrograd qu'au milieu du désert du Sahara. On revient au commerce de troc. Il est excessivement facile de vendre tout ce que l'on possède, mais il est fort difficile d'acheter.

Dans les journaux, vous lisez à chaque page des avis dans le genre de ceux-ci :

« J'achète au plus haut prix bijoux, pierres précieuses, bronzes, horloges, meubles, tableaux, etc. » ;

« Si vous voulez vendre avantageusement vos livres

(auteurs russes ou étrangers), fournitures de bureau, vaisselle, argenterie, fourrures, etc., etc., adressez-vous à... ».

Une nouvelle classe d'acheteurs a subitement surgi dans les villes sans qu'on sache d'où ni comment. Elle achète de tout avec précipitation, j'ai presque envie de dire, gloutonnement, voracement, étonnant souvent le client par sa libéralité. Ces commerçants de hasard veulent se créer, coûte que coûte, des capitaux en nature — des stocks de marchandises, et, le prussien à nos portes, aidés par la panique, ils augmenteront leur brocantage qui leur promet des échanges avantageux.

IV

LE SOLDAT RUSSE

ET LA PROPAGANDE ALLEMANDE

Une des choses les plus extraordinaires de la nouvelle existence des villes est le nombre incalculable des meetings qui s'y tiennent en plein air. On en trouve à chaque pas. Au début j'étais tellement dépaysée qu'il me semblait qu'on devait y employer une langue inconnue pour moi. Par la suite, j'ai entendu des orateurs de rencontre discourir sur la guerre, sur l'offensive en Galicie, sur la révolution, etc. Ils parlaient sans suite et sans méthode, mais avec beaucoup de chaleur et d'enthousiasme, faisant appel au bon sens du peuple et l'exhortant à continuer la guerre.

Notre avance en Galicie réveille le patriotisme et calme bien des inquiétudes. L'espoir semble renaître et moi-même, malgré le chaos qui m'entoure, je partage l'illusion générale. J'entends dire :

« Vous voyez bien que le désordre n'était que momentané et que tout reprend son cours normal. On ne peut pas douter du loyalisme de nos soldats ».

Des régiments partent pour le front. La foule les acclame. Ils ne sont pas en rangs et ne marchent point au pas, mais ont un air décidé et chantent la « Marseillaise ».

Sur la Perspective Nevsky, je croise des fantassins, dont la bonne tenue est impressionnante. Vraiment, je ne me serais jamais aperçue que ce sont des femmes, n'avait été la curiosité qu'elles éveillent sur leur passage.

Ce fameux « bataillon de la mort » a été créé par une héroïque paysanne, Bochkareva, qui avait accompagné son mari dans les tranchées, où elle a été blessée plusieurs fois. Soumises à une discipline de fer, ces campagnardes, ces ouvrières, ces étudiantes, dont le drapeau est une croix noire sur fond jaune, ont cette fière devise : « Tout pour la liberté et l'honneur de la Russie ». Ayant juré de mourir plutôt que de se rendre, elles portent toujours sur elles un poison pour ne pas tomber vivantes aux mains de l'ennemi. Arrivées malheureusement au front au moment du découragement général, quand les chefs n'ont plus d'autorité sur des troupes qui refusaient de se battre, leur abnégation a été stérile. Le soldat, soit par dépit, soit parce qu'il a honte d'une infériorité qu'il n'ose avouer ouvertement, affecte de s'en moquer et les tourne en dérision. Il y a un an leur exemple aurait eu, peut-être, une grande influence morale et leur sublime sacrifice n'aurait pas été inutile. Quoi qu'il en soit, la sauvage énergie de Bochkareva les a arrachées à toute propagande dissolvante et elles ont au moins protégé l'honneur de la femme russe.

On parle souvent à l'étranger de l'indiscipline, de l'insuffisance, de la lâcheté même de nos soldats. Or, nos hommes ont prouvé depuis des siècles et sur plus d'un champ de bataille, sans en excepter la Mandchourie et la Galicie, que le courage ne leur manque point.

L'explication du marasme de notre armée que j'entends donner autour de moi par les gens du peuple est que tout est dû à la fatigue. Au début, cette opinion m'a paru choquante, car enfin les alliés qui ont été attaqués par l'ennemi commun avec la même fureur que nous, se sont surmenés tout autant sans que la fatigue l'emportât sur le moral. Mais, petit à petit, au cours de nombreuses conversations, après avoir recueilli les témoignages d'officiers et de soldats qui m'ont raconté les actions auxquelles ils avaient pris part, j'en suis venue à comprendre que c'est bien la fatigue qui est la cause initiale de nos malheurs.

Il est indéniable que les Russes ont été envoyés à la mort,

à la boucherie, sans armes, sans équipement, sans nourriture, sous un ciel qui est le plus inclément du monde. Nos malheureux moujiks, à peine sortis de leurs villages, se sont battus dans la neige et sur la glace, dans la boue et sous la pluie, mal vêtus, le ventre vide, sans cartouches et sans idéal.

Cette résistance, ce fatalisme d'hommes qui allaient à la mort sans espoir, sans résultat, sans même savoir pourquoi, a duré trois ans et durerait encore si l'Allemand n'avait pas immédiatement compris tout le parti qu'il pouvait tirer de cette ignorance, de cet état primitif de son adversaire. Par une propagande aussi lente que subtile et sûre, il a sû semer partout le découragement et la méfiance. Il a surtout merveilleusement exploité la naïveté du paysan. Dans sa cervelle fruste, il a fait germer l'idée qu'il lui suffisait de ne plus se battre pour terminer la guerre et mettre fin à toutes ses souffrances. Abusant de sa simplicité, faisant miroiter à ses yeux le partage des terres, la mise en commun de tous les biens, etc., il lui a fait croire qu'il était victime de l'ambition de ses chefs et est arrivé à le faire douter de son devoir. Au nom de l'humanité, il s'est livré à la comédie de la fraternisation. Les adversaires ont fini par s'embrasser dans les tranchées, mais du côté allemand, c'était le baiser de Judas.

Notre soldat a été hypnotisé, la paix est devenue une obsession, une hallucination qui l'a rendu sourd à toutes les voix de la Patrie, du Devoir et de l'Honneur. Dans son angoisse, dans sa soif de la paix à tout prix, il a tout foulé aux pieds : tradition, obéissance, discipline, amour-propre ; comme la bête harassée, il s'est étendu dans la fange, insensible aux coups d'où qu'ils viennent.

Cette propagande machiavélique a pris une autre forme quand il s'est agi de démoraliser ceux de l'arrière, et, sur l'élément civil, c'est l'or allemand qui a coulé à pleins flots.

Qui n'a pas été douloureusement surpris dans nos villes en voyant les plus humbles se livrer à des dépenses exagérées? Je sais bien que les salaires ont été augmentés, que certaines usines paient des journées fabuleuses, mais cela ne suffit pas à expliquer une telle richesse dans les basses classes. C'est plus que de l'aisance, c'est de la prodigalité, c'est de l'ostentation! Dans les plus beaux magasins, quand un client bien mis se présente, c'est à peine si les commis daignent y faire attention, — qu'un ouvrier arrive, tous s'empressent autour de lui. Il achète sans hésiter, ne se refuse absolument rien et règle royalement.

Un fait entre mille. Un matin, j'ai vu dans la rue une marchande de fruits. Une dame vint à passer donnant la main à une petite fille. « Oh! maman, achète-moi des fraises », s'écria l'enfant. « A combien vos fraises », demanda la dame. « C'est quatre roubles la livre », répondit la marchande, puis,

devant la surprise de la cliente, elle ajouta en grommelant :
« Si c'est trop cher pour vous, ne les achetez pas, nous les
mangerons nous-mêmes ». (Ces insolences sont à la mode
depuis quelque temps). La mère et l'enfant s'éloignèrent sans
dire mot et presque au même instant une ouvrière se fit
servir quelques livres de fruits, fouilla dans sa poche, retira
des roubles à peines mains, et les lança fièrement sur la
balance...

V

LES ÉMEUTES DE JUILLET

Quand je pense à mon séjour en Russie, je me rends compte que jamais je n'ai autant souffert du triste état de mon malheureux pays que dans la première semaine qui suivit mon arrivée. Je n'avais encore assisté à aucun événement grave et cependant je ne pouvais me défendre d'un sentiment confus d'abattement qui était, sans doute, la répercussion en moi du malaise général.

La confiance dans le Gouvernement provisoire était ébranlée. L'avance de notre armée, la prise de Halicz, lui redonnait bien un peu de vigueur, mais ce n'était qu'un feu de paille, une flambée. En qui croire, d'où attendre le salut? Kerensky, l'idole, le créateur d'une Russie libre, serait-il une nouvelle déception? N'aurait-il pas la force de gouverner la masse? Son talent oratoire ne suffirait-il pas à la dominer?

Le peuple, sur lequel s'étaient fondées toutes les espérances, ne serait-il pas encore en état de profiter des bienfaits de la révolution, et un gouvernement énergique, autoritaire, ne lui serait-il pas indispensable pendant longtemps encore ? Pourrait-il sans transition se passer d'une main ferme pour le diriger ? — L'enthousiasme du début avait fui et la désillusion avançait au pas de charge. Les espérances nées dans l'aurore de la République s'évanouissaient au grand jour. Sous sa lumière crue on apercevait mieux les travaux d'approche du bolchevisme. Les partisans de Lénine avaient fini de se préparer dans l'ombre et se risquaient au soleil.

L'après-midi du 19 juillet Petrograd changea brusquement d'aspect. Orateurs, flâneurs, marchands ambulants, camelots disparurent, balayés comme par un coup de vent ; les magasins fermèrent de bonne heure ; un silence de mort plana dans les rues désertes. Toute vie aurait semblée en suspens si, de temps à autre, des autos n'étaient passées, telles des éclairs, pleines de soldats — les uns assis à l'intérieur, les autres couchés sur les garde-boue, baïonnette au canon, fusil en joue. Le ciel politique était gros de nuages. L'orage allait éclater.

Nous nous proposions de passer la soirée au cinéma et, après avoir quelque peu délibéré sur les dangers à courir, nous nous y rendîmes, croyant que les bolsheviki n'entreprendraient pas d'action sérieuse avant le lendemain. En prenant nos billets, j'entendis une jeune femme, très élégante, dire au monsieur qui l'accompagnait :

— C'est déjà heureux qu'ils nous aient laissés arriver jusqu'à la Karavannaïa. Qu'allons-nous faire à la sortie?

Se tournant de notre côté, elle ajouta :

— Savez-vous que la fusillade a déjà commencé? Le bruit court que les bolcheviki sont en train de renverser le Gouvernement provisoire et d'arrêter Kerensky. Ce qu'il y a de certain, c'est qu'ils viennent de m'enlever mon auto. Ils nous ont fait descendre et, nous laissant au milieu de la rue, sont partis avec elle. Comment vais-je rentrer chez moi?

A notre tour, après le spectacle, nous ne savons comment faire pour regagner la maison. Un cocher assez conciliant nous tire d'embarras.

Tout nous paraît très calme d'abord et ce n'est qu'arrivés à la Perspective Newsky que nous apercevons au loin un très grand attroupement. Il se trouve justement sur la route que nous devons suivre.

— On se bat, s'écrie ma mère, cocher, prends la Vladimirskaïa.

— Eh non! ce n'est rien, répond celui-ci d'un ton traînant, personne ne se bat, on cause, nous allons bien pouvoir passer.

— Mais puisque je te dis, moi, qu'on tire! Tourne à droite.

Avec une obstination muette le cocher n'en fait qu'à sa tête. Nous entendons la fusillade et nous nous rapprochons inévitablement de la mêlée.

— Mais enfin, pourquoi ne veux-tu pas faire ce qu'on te dit?

— Je ne tiens pas à fatiguer mon cheval.

— Et si l'on te tue?

— Je ne veux pas faire de détour quand on peut passer.

— On t'augmentera pour ton détour.

— Alors, si vous y tenez absolument! soupire-t-il résigné, et il se décide enfin à tourner bride.

Notre insistance, pourtant, n'était pas superflue, même après avoir contourné les tireurs, il nous est impossible d'atteindre notre maison. Les balles sifflent tout près. Le cocher arrête son cheval net et nous oblige à quitter sa voiture. Nous cherchons un abri quelconque. Une porte cède sous la main et nous nous trouvons dans une blanchisserie. Nous n'y sommes pas les seules réfugiées ; il y a bien là une dizaine de personnes attendant le moment propice pour regagner leur logis en toute hâte. De temps en temps on risque un œil dehors et à la première accalmie tout le monde s'enfuit.

Le 20 au matin les bruits les plus exagérés circulent :

on compterait les morts par centaines, les blessés par milliers. L'affaire a certainement été très chaude et, malheureusement, ce n'est qu'un premier engagement. Les journaux publient une proclamation de Kerensky : des troupes fraîches vont arriver à la défense du Gouvernement, tous les civils sont sommés de rester chez eux.

D'ailleurs, personne n'a cure de prendre part à ce mouvement. Ce n'est plus comme à la première révolution où chacun oubliait sa vie privée et déployait une activité publique dévorante. En général, aucun des deux partis n'est vraiment sympathique. On souhaite platoniquement l'échec des bolcheviki, mais si l'on pouvait remplacer avantageusement le Gouvernement provisoire, on serait heureux de sa chute. Les fervents du paradoxe soutiennent même qu'il faut faire des vœux pour le triomphe des maximalistes, le mal étant ainsi porté à son comble ne pourra que décroître.

Dans l'après-midi, mon désir de voir l'aspect des rues l'emporte sur la prudence et je sors faire un tour avec ma sœur.

Sous les portes se tiennent quelques curieux. A une centaine de mètres devant nous, au carrefour formé par les Perspectives Newsky et Liteiny, la foule est compacte et houleuse, mais nous sommes trop éloignées pour nous rendre exactement compte de ce qui se passe. Au coin de notre rue, sur le clocher de l'église, des mitrailleuses sont installées. On les pointe sur une maison où se tient la rédaction de l'*Union*, organe d'Alexinsky, de Plehanoff, de tous les vrais socialistes qui, après avoir travaillé de longues années à l'affranchissement du peuple essaient de réfréner ses mauvais instincts. Leur tâche est ardue. Les léninistes n'épargnent rien pour les déconsidérer, les traitent de réactionnaires, de traîtres, presque d'ennemis du prolétariat. Ils les poursuivent d'une haine fratricide.

Lénine ! je l'ai entendu en novembre 1914, à Lausanne et à Montreux, faire des conférences où, l'écume aux lèvres, il tonnait contre la guerre. Les socialistes ne devaient y prendre aucune part et s'opposer à sa continuation. Toute victoire lui semblait odieuse, celle des Allemands comme celle des Alliés, mais, entre les deux, pour la Russie, il préférait celle des Allemands, car elle impliquait la défaite du tsarisme. Quant aux villes de Kieff et d'Odessa, expliquait-il sans ambages, elles gagneraient à passer aux mains des Autrichiens. On comprend qu'un pareil sophiste ait obtenu un sauf-conduit pour traverser l'Allemagne. Ces tristes idées lui ont valu, de même qu'à Trotsky, à Martoff et à tous leurs disciples, l'épithète infamante de « défaitistes ». Qui pourrait nier que ces leaders de l'anarchie sont les porte-parole de la Germanie ? Vendus ou inconscients, peu importe, leur moralité ne m'intéresse guère, ils ont fait le jeu de la Prusse par bêtise ou par lucre. C'est là leur crime inexpiable.

Mais je n'ai pas le temps de me plonger dans mes souvenirs. D'énormes camions conduits par des ouvriers armés viennent se ranger en ligne de bataille. Nous rentrons.

Vers les sept heures du soir une émotion nous attend. Ma mère qui était en visite arrive toute tremblante, la figure bouleversée, la robe déchirée et souillée de boue. Elle vient d'échapper, par miracle, à un grand danger. Trois balles, brisant les vitres, se sont aplaties dans le salon comme elle en sortait. Elle est revenue à pied, dans l'obscurité, courant sous la pluie, en faisant de grands détours pour éviter les endroits où la mousqueterie était trop vive. Nous écoutons son récit rendu plus impressionnant par le bruit du combat qui gronde dehors.

Un nouveau jour commence, bien plus calme celui-ci. Nous en profitons pour aller chez le coiffeur. Une jeune fille nous reçoit très aimablement et tout en nous servant nous annonce qu'elle va être obligée de nous quitter dans vingt minutes. Aux demandes d'explication, elle ajoute que sa maison va fermer, les bolcheviki ayant avisé le quartier qu'ils « joueraient de la mitrailleuse » à quatre heures juste.

Le 22 la crise est conjurée. Il y a quelques changements dans le cabinet, Kerensky est nommé premier ministre en remplacement de Lvoff et bientôt les Soviets vont affirmer leur confiance au Gouvernement. L'ordre est rétabli en ville ou plutôt le désordre supplémentaire de l'émeute a cessé, mais la situation économique s'est encore tellement aggravée qu'il paraît urgent de chercher une autre résidence pour l'hiver. Ayant de nombreux parents à Moscou, je décide de m'y rendre en vue de nous y installer pour les grands froids.

VI

MATOUCHKA-MOSKVA

Eh bien! non, Moscou ne me sourit guère, j'aime
autant Petrograd. Par une chaleur suffocante, je trotte par
toute la ville. Les distances sont longues, les rues mal pavées,
mais qu'y faire — il faut aller à pied si l'on veut arriver où
l'on va.

Les boulevards sont envahis par les réfugiés qui, n'ayant
pas où loger, passent leurs journées sur les deux rangées de
bancs qui se font vis-à-vis. Ils ne bougent pas du matin au
soir et souvent même du soir au matin. Ce sont les derniers
arrivés, ceux des provinces de la Baltique et ils affluent sans
discontinuer, l'Allemand fonçant sur Riga. Leurs figures pâles
et leurs habits déguenillés inspirent la pitié. Ils parlent avec
des réfugiés de la Pologne et se content mutuellement leurs
épreuves. Quelle déception! Ces infortunés se rendent compte

que la mère-Moscou (matouchka-Moskva) ne peut pas les garder, qu'ils sont obligés de porter leur misère plus loin.

En effet, la vieille capitale regorge d'habitants. Il est impossible, maintenant, au mois d'août, de trouver un appartement pour l'hiver. On a beau proposer des commissions de deux cents, cinq cents, mille roubles dans les journaux, rien n'y fait. Le bruit court qu'une loi va passer obligeant tous les civils à héberger chez eux deux personnes par chambre, le salon excepté. Les familles inquiètes parlent déjà de se grouper pour éviter l'intrusion d'étrangers dans leurs foyers.

En général, les Moscovites, plus pratiques que les Pétrogradiens, m'ont paru beaucoup plus affectés par les questions matérielles. Leur imagination non seulement exagère les privations du présent, mais leur fait déjà ressentir les souffrances à venir. L'achat d'une livre de macaronis, par exemple, fait pousser de véritables cris de triomphe, en même temps qu'on entend les plus sages conseils d'économie : « Il faut absolument en garder la moitié pour l'hiver » ; « Ne les mangeons pas maintenant, d'ici deux mois on ne pourra plus s'en procurer », etc., etc. Malgré leur très généreuse hospitalité, lorsque vous avez la bonne idée d'apporter votre sucre, ou, à défaut, votre miel, en allant prendre le thé chez des amis, ils apprécient hautement cette délicate attention.

Parfois, les provisions se font à une distance fabuleuse,

et, les domestiques se refusant à rendre ce service, les maîtres
sont obligés de s'imposer la fatigue des courses. Ainsi, à mon
arrivée chez ma cousine, on m'a dit qu'elle était sortie acheter
du beurre. Je m'attendais à la voir rentrer d'un moment à
l'autre. Je ne l'ai revue que le soir : elle avait mis quatre
heures de chemin de fer pour faire son emplette et la rapporter.

Les présents de fleurs et de bonbons sont remplacés par
des navets, des carottes, des pommes de terre. Un fiancé
faisant sa cour apporte à son élue une livre de farine ou une
tranche de pain blanc. La question alimentaire prime tout.

Et pourtant, l'époque à laquelle j'arrive est intéressante.
Que l'art, la littérature et la musique soient mis de côté pour
le moment, on pourrait le comprendre, mais la conférence
à laquelle sont convoqués les membres des quatre doumas,
les personnages éminents de l'armée, de la marine, de la
science, de la politique, toute la partie éclairée de la nation
en un mot, doit se réunir bientôt ici même et personne ne
s'en soucie.

Cependant, c'est une consultation de l'élite intellectuelle
afin de pourvoir aux besoins les plus urgents de la nation,
mettre fin au chaos, essayer de rétablir un pouvoir ferme et
une armée disciplinée. C'est un lever de rideau de la Consti-
tuante, qui décidera de la forme et des lois du Gouvernement.

Mais non, un pessimisme résigné opprime les cœurs.

« Ce qu'elle donnera cette conférence, me dit-on, des discours, beaucoup de discours, des mots, des mots et des mots. C'est très beau de faire des déclarations comme celle de Kerensky après les journées de juillet : « Le Gouvernement sauvera « la Russie et l'Unité russe par le sang et par le fer si la raison, « l'honneur et la conscience ne suffisent pas », mais à quoi cela sert-il si on ne les met pas en pratique. Qu'a pu faire Korniloff après avoir obtenu si difficilement le rétablissement de la peine de mort dans l'armée? Dès qu'il a commencé à l'appliquer, on l'a trouvé trop cruel et on l'a prié instamment d'user de clémence. Et nos hommes, malgré leur supériorité numérique, désertent devant l'ennemi quand, peut-être, quelques exemples sévères auraient pu les ramener au devoir. Vous allez voir que Riga va tomber sous peu. Voilà le résultat des demi-mesures. Il n'est pas douteux que l'Assemblée ne prenne d'excellentes résolutions, mais comme elles n'auront même pas un commencement d'exécution, à quoi bon s'en occuper? »

Pour chasser les idées noires que m'inspirent ces tristes réflexions, je fais de longues promenades en ville, heureuse de retrouver tous les vieux monuments que je n'ai pas revus depuis mon enfance. J'entre dans plusieurs églises. Je commence par la petite chapelle de la Sainte-Vierge de Iverskaïa, une des plus vénérées en Russie, le Saint des saints, celle devant laquelle aucun Russe, même indifférent, ne passe sans faire le signe de la croix. J'ai tant de fois entendu déplorer que la Révolution ait fait perdre au peuple tout sentiment religieux que je suis étonnée de la trouver pleine d'une foule pieuse, de voir d'innombrables cierges brûler devant les icones. Dans les églises les plus modestes, qui, toutes blanches, se cachent au fond des jardins sous leurs coupoles dorées ou argentées, l'assistance est la même. Des femmes agenouillées prient à voix basse, des hommes baisent les images sacrées, on sent là une foi ardente, sincère, profondément ancrée dans les cœurs. Ce n'est que dans ces temples que je retrouve la vieille Russie.

Souvent, à la tombée de la nuit, je vois des rangées de femmes couchées sur les trottoirs. Les unes sont étendues sur leurs manteaux, d'autres sur leurs châles, un petit nombre, sans plus de façon, dort à même le sol. Elles attendent dès la veille l'ouverture des magasins. Tout est si rare à Moscou que, dès qu'un commerçant reçoit une livraison de marchandises, il en annonce l'arrivée et la mise en vente pour le lendemain par un avis apposé à la devanture de sa boutique. Il n'en faut pas plus. Dès la première heure elle est envahie et le stock enlevé à n'importe quel prix. La plupart de ces intrépides clientes qui n'hésitent pas à dormir dans la rue pour acheter un bout de drap, une blouse ou des chaussures sont des femmes du peuple, mais il n'est pas rare qu'une dame de la société risque l'aventure. Dans ce cas, elle s'affuble comme une pauvresse pour éviter l'animosité et les injures des autres acheteuses. Il s'agit de ne pas se faire traiter de « bourjouika » (péjoratif de bourgeoise).

La ville commence à s'emplir de personnalités venues pour assister à l'Assemblée, dont la première séance aura lieu le 27. Kerensky accourt de Petrograd, Korniloff vient de Mohileff. Les relations sont, paraît-il, tendues entre ces deux hommes. On est curieux de savoir si un accord est possible et quelle va être leur attitude.

Les séances commencent. Elles manquent d'entrain. Seul, Korniloff, évitant les lieux communs, demande des réformes précises. Il peint l'armée telle qu'elle est, crûment, brutalement et exige sa régénération. Il réclame le rétablissement de la peine de mort à l'arrière comme sur le front, le renforcement, le retour à la hiérarchie et à la discipline, démontre que les dernières réformes ont été faites par des gens qui ignorent tout du soldat. Du temps de Nicolas II, la troupe, malgré bien des défauts, était animée d'un esprit guerrier, elle était prête au sacrifice, mais depuis les créations de comités de soldats, de commissaires aux armées, de l'ordre n° 1, qui, en enlevant leurs prérogatives aux officiers, les a privés de toute autorité sur leurs hommes, l'armée n'est plus qu'un troupeau qui évite la bataille et ne pense qu'à fuir le danger. Il demande des munitions, des équipements, des vivres et prouve que le salut de la Russie est dans l'offensive sans trêve. On lui répond par de vagues promesses.

D'ailleurs, Kerensky, sans le vouloir, a très justement dépeint les travaux de cette Assemblée quand, dans son discours de clôture, en exprimant son contentement qu'elle ait été réunie, il a dit que si ce Congrès n'avait donné aucun résultat pratique, il avait au moins permis à chacun d'exprimer son opinion.

Cette solennité, comme on l'avait prédit, n'a donc été, dans son ensemble, qu'un déballage d'idées sans ordre et sans suite.

VII

LA « TRAHISON » DE KORNILOFF

Mon séjour à Moscou touchait à sa fin lorsque, le 11 septembre, de bonne heure, la sonnerie du téléphone retentit dans ma chambre. Ma sœur, qui est venue me rejoindre depuis peu, se précipite à l'appareil.

— Vous ne pouvez guère partir d'ici maintenant, lui dit ma tante, les nouvelles de ce matin sont terribles. La guerre civile a éclaté. Korniloff veut être dictateur, ses troupes s'avancent déjà sur Petrograd. Kerensky lui a signifié de rendre son commandement, mais il a refusé net. Son arrestation est ordonnée et il va sûrement se défendre à Mohileff. Toute la Russie va encore être à feu et à sang.

Ma sœur n'en écoute pas davantage : elle a ses deux petits enfants à sept ou huit kilomètres de Mohileff, à la campagne, dans une maison isolée. Vite, nous mettons cha-

peaux et jaquettes, appelons un « isvoschik » (cocher) et filons
à la gare. Il y a un train vers les trois heures de l'après-midi,
mais obtiendrons-nous des passages ? Certes, nous ne sommes
pas assez naïves pour songer un instant à nous adresser au
guichet — seul, un courtier, en se faisant payer trois ou quatre
fois la valeur des billets, nous les procurera peut-être. Mais,
pourra-t-il le faire ? Le service des trains ne va-t-il pas être
interrompu ?

Nos appréhensions se confirment, rien à faire pour
aujourd'hui, il faut attendre à demain.

Découragées, nous reprenons notre route à pied, il faut
bien tuer le temps. Plus de vingt-quatre heures d'attente et
presque autant de trajet, c'est bien long! Qui sait ce qui va
se passer d'ici là ?

Nous sommes tirées de notre abattement par des femmes
et des gamins qui crient les journaux. Dans notre hâte, nous
n'avions pas songé à en acheter. « La trahison de Korniloff »,
voici la manchette qui nous hypnotise sur toutes les feuilles.
Puis, en lettres d'égale grosseur au titre, vient : « vsem, vsem,
vsem » (à tous, à tous, à tous). C'est un long appel de Kerensky
au peuple où il l'exhorte à se défendre contre les manœuvres
du « traître Korniloff ».

« Traître »! Comment peut-on flétrir ainsi l'honneur
d'un soldat, dont la vie entière est le modèle du plus ardent

patriotisme, et de l'abnégation la plus grande! Est-ce que le héros des Carpathes, dont la défense à Ivla peut être citée en exemple parmi les résistances à outrance les plus célèbres, n'a pas acquis le respect par ses souffrances? — 1915 n'est pourtant pas loin et l'évasion du général du camp des Autrichiens est encore gravée dans toutes les mémoires.

Fait prisonnier après la chute de Przmysl, il s'évade avec l'aide d'un brave soldat tchèque, Mrnak, pour reprendre au plus vite son service dans la lutte pour sa Patrie. L'ennemi tire sur eux. Mrnak tombe blessé, on le fusillera plus tard. Korniloff, toujours invulnérable, échappe une fois de plus à la mort. Pendant près d'un mois, il traverse des bois, se cachant le jour, marchant la nuit, cueillant pour se nourrir les baies sauvages, épuisé, mais soutenu par sa volonté inflexible.

Puis, lorsqu'il est nommé Gouverneur militaire de Petrograd pendant la Révolution, avec quel dévouement toujours en éveil il remplit sa lourde tâche, tenant en respect tout ce qui peut ternir l'éclat de la jeune Liberté! Hélas, il n'est pas le plus fort... La propagande « internationaliste » contamine de plus en plus l'armée. Les mesures néfastes la démoralisent. Korniloff réagit tant qu'il peut, il passe par bien des humiliations personnelles, fait appel à l'honneur, à la raison, mais sa voix résonne dans le désert. Alors, sa décision est prise.

Il donne sa démission et reprend un commandement actif. Il faut sauver au moins les hommes qui sont sur la ligne de feu.

« Korniloff est poussé par l'ambition », disent les journaux. Non, je ne puis le croire. Nul homme ayant un pareil amour de son pays ne peut risquer son avenir pour des raisons personnelles au moment où il le voit dans un mortel danger. On peut estimer que le vaillant général a tort ou raison en provoquant le conflit à l'heure actuelle, mais la loyauté de son patriotisme ne devrait pas être mise en doute. Il a, paraît-il, adressé une proclamation au peuple demandant son appui, mais cet écrit est introuvable. Kerensky a défendu le tirage des journaux qui allaient le publier. Sommes-nous donc revenus à l'ancien régime ?

VIII

PÉRÉGRINATION A ORSHA

Dieu soit loué! nous partons et, après vingt heures
de chemin de fer assez fatigantes, nous sommes trois la nuit
et quatre le jour dans un compartiment à deux places, nous
entrevoyons le terme de notre voyage. Encore un changement
de train à Orsha, petite ville à quelque 90 kilomètres de Mohileff et les heures pénibles, pleines d'incertitude et de crainte,
prendront fin.

Nous y arrivons et apprenons que tous les trains sont
arrêtés. On parle d'un bateau qui, par le Dnieper, met environ
huit heures pour faire le service. Sautons dans une voiture
et faisons-nous conduire au quai.

Trajet interminable! La ville entière est dans la rue.
Tout le monde crie et gesticule. Devant la maison du Soviet
attendent une trentaine d'automobiles. La chaleur est étouf-

fante. A peine dans la banlieue, la poussière nous aveugle. La route à travers champs est pleine d'ornières. Des camions nous croisent à une allure folle. Ils surgissent d'énormes nuages jaunes. Notre cocher, devenu subitement loquace, dit que ce damné Korniloff a déclaré l'état de siège à Mohileff, qu'on s'y massacre dans les rues et que le canon y gronde depuis la veille. Montrant l'horizon du bout de son fouet, il s'écrie : « Nous en avons aussi par là de bonnes batteries qui les attendent ».

Voici le quai. Les bureaux de la Compagnie de la navigation fluviale se composent d'un hangar au bout duquel il y a un guichet. Pas de chaises, pas de bancs. Une centaine de personnes font queue. La vente des billets n'est pas encore commencée. Résignées, nous prenons place dans la file et, à tour de rôle, allons nous asseoir sur nos maigres bagages. Quatre heures passent, affolantes de lenteur et de fatigue. Le public manifeste bruyamment son mécontentement. Un soldat paraît et crie d'une voix retentissante afin que personne ne perde rien de la bonne nouvelle : « Les départs de bateau sont supprimés jusqu'à nouvel ordre ».

Alors, c'est une explosion de colère ! Après quelques essais infructueux, un homme parvient à se faire entendre au milieu des protestations, des jurons et des insultes. Grimpant sur sa malle, il propose à plusieurs reprises de choisir des délégués qui iraient exposer au Soviet d'Orsha notre triste situation : « Que pouvons-nous faire ici, camarades ! Où manger, où loger ? Nos familles nous attendent. Qn'on pende les traîtres et qu'on laisse voyager les honnêtes gens» ! — Son éloquence improvisée lui donne gain de cause. Nos ambassadeurs sont élus et partent emportant tous nos vœux.

Hélas, ils reviennent au bout d'une heure la tête basse et la mine déconfite. Ils ont échoué dans leur mission. Tout ce qu'ils ont pu obtenir c'est l'autorisation de passer la nuit, et même le jour si le cœur leur en dit, à bord du bienheureux navire jusqu'à son départ problématique. — C'est une amère plaisanterie. Le minuscule vapeur n'a pas de cabines : il faudrait donc dormir pêle-mêle sur le pont.

Pendant que les plus courageux s'y précipitent dans une bousculade qui n'a rien d'engageant, nous décidons de retourner en ville. Notre cocher, que j'ai toujours soupçonné d'être au courant de la situation, nous attend benoîtement. C'est avec un petit sourire narquois qu'il nous offre ses services. Force nous est de les accepter et nous lui disons de nous conduire au meilleur hôtel du pays.

Nous refaisons le même chemin en sens inverse et la voiture s'arrête devant une maison d'assez bonne apparence. — Il n'y a pas de place. — Nous allons ailleurs. — L'hôtel est comble. — Je ne sais plus à combien d'hôtels nous avons frappé et je crois que nous avons dû nous adresser plusieurs fois au même, car il n'est pas possible qu'il y en ait un aussi grand nombre dans une ville si peu importante. Mais notre persévérance est enfin récompensée et nous en trouvons un où l'on consent à nous recevoir au moment où nous envisagions la possibilité d'aller nous réfugier à la gare.

C'est à peine si j'ose faire la description de la misérable auberge, si l'on peut même lui donner ce nom, où nous sommes entrées. Malgré la fatigue qui nous accable, nous n'osons pas nous asseoir dans notre chambre tellement tout est sale. Le lavabo se compose d'un verre à eau, d'une cuvette microscopique et d'un broc si réduit que vraiment je n'aurais jamais cru qu'on en fabriquât de dimensions aussi exigües. Il faut vider l'eau par la fenêtre au risque d'arroser les passants.

Nous demandons un samovar. Un gamin d'une dizaine d'années nous l'apporte. Nous en prenons l'eau chaude pour nous débarbouiller. Le petit bonhomme nous regarde avec effarement, sans souci de son indiscrétion. Il bavarde : à Mohileff, on se bat dans les rues, on ne compte plus les morts, à deux kilomètres du « Gorodok » (c'est justement là où se trouve la maison de campagne de ma sœur) un canon tire sans discontinuer.

Ces racontars ont au moins le bon effet de réveiller

notre énergie. Nous partons au Soviet, malgré notre répugnance à lui demander quoi que ce soit, pour obtenir un laissez-passer pour Mohileff. — Pourparlers avec les soldats qui défendent la porte. — Il y a séance et ils ne veulent pas nous permettre d'entrer. Enfin, l'un d'eux consent à passer nos cartes. Il revient accompagné d'un de ses camarades qui nous écoute à peine.

— Comment voulez-vous vous rendre à Mohileff ?

— En auto ou en voiture.

— En auto, ce n'est pas la peine d'y songer, elles sont presque toutes réquisitionnées ; en voiture, c'est trop loin, et puis, de toute façon, on vous tuerait en route. Attendez que Korniloff soit fusillé avec toute sa séquelle et vous pourrez partir.

Navrées, nous retournons à la station. Devant notre détresse, le chef de gare, un excellent homme, a pitié de nous. Il nous tranquillise :

— Ne craignez rien. J'ai un ami qui est un député bolchevik influent. Après la séance du Soviet, allez le trouver avec un mot que je vais vous donner et tout s'arrangera.

Nous voilà reparties. Sur les pas des portes un grand nombre de petites gens sont assis. Ils prennent le frais en commentant un imprimé qui annonce que Korniloff commence à être abandonné par ses troupes. Ils sont ravis et c'est un concert d'invectives et de menaces à l'adresse du général.

Le bolchevik influent nous reçoit très aimablement et déjà tient la plume pour nous signer un sauf-conduit quand un de ses compagnons, un grand blond aux yeux gris, l'aspect rébarbatif, s'y oppose résolument :

— N'allons pas si vite. Ce sont toujours les femmes qui sont le plus à craindre. Il faut s'en méfier comme de la peste. Pourquoi demeurent-elles à Mohileff ? Il n'y a que des officiers et leurs familles à cet endroit-là. Des suppôts de Korniloff. Et vous, ajoute-t-il, se tournant vers moi, malgré votre nom étranger, vous parlez le russe comme moi, tout ça c'est louche. Il faut que j'aille où vous êtes descendues et que je fasse une enquête sur place.

— Mais je suis Russe, lui dis-je, mariée à un Français.

— C'est possible, c'est possible, mais nous en reparlerons tout à l'heure.

Le soir, dans notre innommable taudis, assises au milieu de l'effroyable chambre, éclairées par une bougie posée sur une table branlante, nous attendons, consternées. Enfin, des pas se font entendre, on frappe à la porte, c'est Monsieur l'enquêteur.

La première demi-heure de notre interrogatoire est pénible. Ce bolchevik, d'un air rogue, nous toise de toute sa hauteur. Au début, il ne veut rien entendre. A la longue, nous finissons cependant par le convaincre que nous ne sommes pas mariées à des officiers et que c'est un simple hasard qui fait que ma sœur soit en villégiature aux environs de Mohileff avec ses enfants. Il commence à s'amadouer. En somme, notre inquisiteur n'est guère méchant, mais simplement gonflé de son importance.

Nous le prions de nous aider. Cet appel à ses sentiments chevaleresques le flatte visiblement et a raison de ses derniers scrupules. Il nous raconte qu'il est un ancien matelot, et, cherchant à s'excuser de sa visite, affirme qu'il a maintenant de très hautes fonctions et une responsabilité écrasante qui l'effraie. Ce pauvre homme prend sa charge au tragique.

— Maintenant que je sais que vous ne pactisez vraiment pas avec l'ennemi, je vais voir ce que je puis faire pour vous. En attendant, voici votre laissez-passer.

Changement à vue.

— Je vais vous chercher une automobile ou une voiture, ou ce que je pourrai, pour ce soir ou demain matin. Mais vous ne pouvez pas partir sans une bonne escorte, les brigands de Korniloff vous assassineraient. Et puis, tenez, je vous accompagnerai moi-même, et il se retire en nous recommandant de nous tenir prêtes au départ.

Il revient à une heure du matin et nous crie au travers de la porte :

— Je n'ai pu trouver aucun véhicule, mais il y aura peut-être des trains demain.

A six heures du matin nous sommes à la gare, mais, hélas, le train était passé à cinq. Personne ne sait s'il en viendra un autre.

Retournons au bateau. Il me semble que c'est la journée d'hier qui recommence, mais, cette fois, nous avons enfin le bonheur d'entendre trépider l'hélice, de voir son sillage et de nous sentir glisser entre les deux rives.

Vers minuit nous sommes à Mohileff. On vérifie nos passeports et nous entrons en ville. On nous assure qu'on n'y a pas tiré le moindre coup de feu et qu'il n'y a eu aucune escarmouche. D'ailleurs, la population, les officiers et les troupes adorent Korniloff.

Pluie torrentielle. Je reste sur le quai désert avec les bagages. Ma sœur va chercher une voiture. Son absence se prolonge tellement que je commence à être inquiète. Elle revient en calèche, accompagnée d'un soldat. Chemin faisant, elle m'explique qu'aucun cocher ne voulait tenter l'aventure : les routes sont défoncées, on n'y voit goutte et les bois que nous avons à traverser pullulent de déserteurs et de maraudeurs. Heureusement, elle a rencontré le soldat qui est sur le siège. C'est le brosseur d'un officier de nos amis. Il a pu décider notre cocher à nous emmener jusqu'à la maison, mais à la condition de l'accompagner et de revenir avec lui.

Au début nous avançons à bonne allure, mais dans la forêt les cahots deviennent inimaginables. Il fait si noir qu'on est obligé de laisser les chevaux marcher au pas en tâtant le terrain. On cherche le ciel à travers les feuilles pour se guider, la ramée étant moins épaisse au-dessus de la route. Des deux côtés nous voyons des ombres qui se faufilent et nous entendons le craquement des feuilles mortes foulées aux pieds. Le cocher s'arrête à chaque instant et jure ses grands dieux qu'il n'ira pas plus loin. Il redoute surtout une descente à pic suivie d'une montée qu'on appelle l'« ovrag » (ravin), où il est bien facile de culbuter ou de s'enliser dans la boue. Par bonheur, nous atteignons une chaussée si étroite qu'il est impossible de tourner bride et, bon gré, mal gré, on doit pousser de l'avant.

Vers trois heures du matin, nous sommes chez nous. La maison est tranquille. Le cauchemar est fini. Nous courons embrasser mes neveux. Ils dorment à poings fermés dans leurs petits lits. Leur repos nous fait oublier comme par enchantement toutes les tribulations passées.

IX

VIEILLE RUSSIE

Quel délice d'être à la campagne! Le matin nous
sortons faire des promenades aux environs. C'est l'automne.
Nous avons chacun notre panier et cherchons des champi-
gnons dans les bois, c'est à qui en rapportera le plus. Des
feuilles rouges, jaunes et vertes couvrent la terre. Les arbres
ont l'air d'énormes bouquets fanés. Le soleil n'est plus très
chaud, mais la lumière dorée est d'une douceur pénétrante.
Le parfum des dernières fleurs embaume.

Souvent, nous rencontrons des jeunes paysannes. Elles
sont grandes, minces, élancées et bien faites, les cheveux
châtains tressés en grosses nattes, des grands yeux vifs d'un
brun-cerise, le teint hâlé, les joues roses. Leur démarche est
aisée. Elles portent avec grâce le costume local : une blouse
blanche décolletée, les bras nus, jupes rouges et des rubans

de même couleur dans les cheveux. En termes polis et respectueux, elles nous saluent à l'ancienne mode, je crois revivre mon enfance.

Que nous sommes loin de la Révolution! Pour en avoir des nouvelles, nous prenons de temps en temps notre petite charrette et galopons jusqu'à Mohileff. Le cheval, un bai tacheté de blanc, est un prisonnier de guerre, capturé aux Autrichiens sur le Pruth une année auparavant. Il rue, se cabre et s'emporte. Son caractère est presque aussi mauvais que celui de l'ordonnance qui le conduit, un brave, réputé dans les tranchées pour son mépris de la mort et sa témérité, excellent garçon, fanatique de son chef.

Nous descendons de voiture dès que nous sommes en ville. Pour la première fois je me rends compte de la justesse de la métaphore russe, qui, pour désigner un israélite, dit simplement : « C'est un habitant de Mohileff ». Il y a des juifs partout et on n'entend parler que l'hébreu. Il est même difficile souvent de se faire comprendre dans les magasins.

Devant la gare se tiennent un grand nombre d'officiers. Il en arrive et il en part en voiture, en automobile, à cheval. Ce sont des attachés militaires étrangers, des Français, des Anglais, des Italiens, Mohileff étant le Grand Quartier Général de l'Armée russe.

Nous passons devant l'hôtel où Korniloff est aux arrêts

avec son Etat-Major. Aucune garde, tout est calme et tranquille.

Quel réconfort on éprouve à voir dans les rues de magnifiques soldats propres, bien tenus, disciplinés, faisant martialement le salut militaire quand ils rencontrent un supérieur. Lorsqu'ils vont relever la garde ou qu'ils en descendent, ils marchent au pas, rigoureusement alignés, et leurs armes resplendissent. C'est la « Dikaïa Divisia » (Division Sauvage) qui s'est couverte de gloire sur tant de champs de bataille, où, par un privilège héroïque, elle occupe toujours le point le plus périlleux. Elle est recrutée surtout parmi les habitants du Caucase. Ses cavaliers sont d'incomparables « djiguiti » (voltigeurs) qui chargent souvent debout sur la croupe de leurs chevaux et, au triple galop, s'allongent sous le ventre de leurs montures pour faire feu de leurs carabines. Dans les carousels, ils chevauchent la tête en bas, les pieds en l'air, bondissent à terre et du même saut se retrouvent en selle, ramassent des mouchoirs et des pièces de monnaie à des allures folles et sont de véritables centaures qui ne font qu'un avec leurs bêtes.

Nous allons au jardin où Wladimir le Saint, qui a baptisé la Russie, se promenait au Xe siècle. Ces allées dominent la ville et se terminent par un rond-point. Je m'approche de la balustrade et pousse un cri d'admiration. Quelle richesse de couleurs! Toutes les nuances de l'automne sont là, y compris les dernières feuilles vertes d'un été déclinant. Le blanc des églises, le miroitement des coupoles et le bleu du Dniéper les tranchent d'une note gaie.

Je cherche à me représenter ce même paysage 900 ans auparavant. Le Borysthène impassible laissait toujours rouler ses vagues ondoyantes, mais à la place des églises y avait-il des idoles? Venait-on y apporter des sacrifices au « Dajdbog » (source de la chaleur et de la lumière), au « Stribog » (dieu du vent) ou au redoutable « Péroun » (maître du tonnerre et de l'éclair)? Combien plus poétique encore devait être cette nature rendue vivante par tous ces êtres imaginaires! Je vois un paysan pressant le pas dans la forêt, à la tombée de la nuit, pour éviter la rencontre de l'esprit des morts, du vieux « lechiy », à la barbe blanche, visitant ses domaines. J'entends des mères supplier leurs fils de ne pas s'attarder le soir au bord du fleuve : les « roussalki « (naïades) viennent y jouer au clair de lune à la surface argentée des eaux et entraînent dans leur royaume les naïfs pris à leurs charmes.

✸

Au centre de la ville existe un grand « bazar » (marché), à ciel ouvert, où tout abonde. C'est une fourmilière. Paysans à la chemise brodée, à la ceinture de cuir, bottés jusqu'aux genoux ; campagnardes un mouchoir de couleur sur la tête et qui, vues de haut, semblent de gigantesques tulipes ; vieux juifs à la longue barbe, portant une calotte noire et revêtus d'une lévite sombre leur tombant jusqu'aux talons ; soldats aux uniformes à la teinte sable ; ouvriers, marchands, boutiquiers, citadins élégants, provinciales dans leurs plus beaux atours, tout ce monde s'agite, crie, gesticule. Aucune restriction, on achète ce qu'on veut.

— Pourquoi n'allez-vous pas à Petrograd ? dis-je à une grosse femme assise derrière un énorme panier de poisson — vous feriez fortune en une semaine.

— Il ne nous donne rien Petrograd, pourquoi lui apporter nos produits. Ici, avec l'argent de mes poissons, je puis acheter des œufs, du pain, de la toile, enfin tout ce dont j'ai besoin. Là-bas, il n'y a rien. Ce n'est pas dans des roubles en papier qu'on se taille des habits. Par le temps qui court, il est préférable de vendre et d'acheter le moins possible et de vivre sur son bien. Mieux vaut se serrer à la maison que d'être humiliée dans la rue.

✺

Ce qui m'enchante à Mohileff, c'est qu'on n'y sent pas le moindre antagonisme de classes. Les gens du peuple sont si confiants et communicatifs que j'éprouve un réel plaisir à causer avec eux.

Une fois, un cocher me raconta ainsi tous ses malheurs. Je le vois encore assis sur son siège, son chapeau évasé avec une boucle en métal sur le devant, son kaftan bleu bourré d'édredons et serré à la taille par une écharpe multicolore. (La tradition exige que les cochers russes aient l'air gros. Il y a même toute une hiérarchie dans leur embonpoint : ainsi, un cocher de fiacre n'osera jamais égaler le volume d'un « lihach » (grande remise) et celui-ci se gardera bien d'être aussi rembourré qu'un automédon de maison particulière).

— Je suis un réfugié de Vilna, me dit-il, j'y gagnais honnêtement ma vie comme maître-cocher. J'avais quatre voitures et autant de chevaux. J'étais heureux avec ma femme, ma mère et mes six enfants. Mais la guerre a tout emporté. Lorsqu'en septembre 1915 les Allemands, que Dieu confonde, eurent pris Kovno, tout le monde abandonnait notre ville. Les magasins fermaient, mes voisins partaient un à un. Les riches demeures polonaises étaient closes depuis longtemps. Je ne pouvais me décider à quitter ma petite maison. Il n'y avait que trois ans qu'elle était à moi et je m'étais tellement privé pour l'acheter! Mais il a fallu nous séparer. C'était la volonté de Dieu. Ces maudits Allemands arrivaient sur nous.

« Le cœur brisé, j'attelai mes voitures. J'y entassai meubles, habits, provisions, ustensiles de cuisine, tout ce que j'avais de précieux. Ma femme et mes deux aînés conduisaient chacun une voiture. J'étais sur le siège de la quatrième où se trouvait ma mère, portant les saintes icones, et mes deux petits derniers.

« Nous suivions la route à la file, marchant au pas, tout doucement. Impossible d'avancer plus vite tellement la voie était encombrée de charrettes et de chars de malheureux qui fuyaient comme nous.

« Encore étions-nous des privilégiés! Nombreux étaient ceux qui, à pied, portaient sur eux tout leur avoir. On en chargeait bien quelques-uns de temps en temps pour les soulager, mais que voulez-vous, il n'y avait pas de place pour tous. Beaucoup, exténués de fatigue, se laissaient tomber dans les fossés. Il fallait les relever et les sauver malgré eux. Dans leur déesspoir, ils auraient préféré mourir sur place.

« Le grondement du canon se rapprochait de plus en plus, comme un roulement de tonnerre. Sainte Vierge Mère de Dieu, j'en ai vu brûler des villages derrière nous!

« Nous marchions comme un troupeau. Un de mes meilleurs chevaux creva. Nous dûmes l'abandonner avec la voiture et ce qu'elle contenait. Quelques jours après l'essieu de ma calèche se brisa comme verre. Rien pour le réparer. Je dételai mon cheval, mais il ne pouvait même plus marcher. Il se coucha sur le bord de la route et il nous fut impossible de le relever. Encore un qu'il fallut laisser derrière nous!

« Le plus jeune de mes enfants tomba malade. C'est Dieu qui l'a sauvé. Comment pouvait-on le soigner? Nous passions les nuits à la belle étoile, souvent trempés jusqu'aux os par une pluie battante. Ce n'était pas toujours facile, allez, de faire un feu de broussaille dans la boue pour réchauffer le « kotiel » (gamelle)!

« Nos épreuves ont duré six semaines. — Maintenant je me suis fait à ma nouvelle vie. J'aime bien ce pays. Il faut savoir supporter le malheur, tout est pour le mieux ».

X

PETROGRAD-COOPÉRATIF

Les avant-coureurs de l'hiver annoncent déjà son arrivée imminente. L'air devient de plus en plus vif, les jours diminuent, les averses se multiplient. Il va falloir chercher un autre gîte pour les grands froids.

D'ailleurs, notre villa ne va pas tarder à devenir inhabitable. Les fenêtres ne ferment pas et déjà nous sommes obligés de garder nos jaquettes dans les chambres.

Tous en chœur, nous allons dans les fourrés ramasser des branches sèches. La fraîcheur fouette le sang. Des feuilles restent attachées aux habits, des gouttelettes scintillent dans les cheveux, nous revenons courbés sous le poids des fagots. On en bourre les énormes poêles de faïence blanche qui montent jusqu'au plafond et l'on s'amuse à faire rôtir des pommes de terre sous la cendre.

Bientôt nous n'aurons plus d'eau. Le voiturier qui, tous les matins, nous en livre un grand tonneau, nous avise que les orages commencent à emporter les chemins, que son trajet est de jour en jour plus pénible et que, dès que la neige aura couvert de ses flocons la campagne, il ne pourra plus assurer son service.

Les assassinats se multiplient aux environs.

Allons, il va falloir lever le camp. Mais pour où? A Mohileff on nous conseille la Crimée, le Caucase, la Petite Russie. Les merveilles qu'on nous conte sur ces divers endroits sont bien tentantes; malheureusement, elles datent de deux ou trois mois au moins et nous savons bien que tout a dû y changer par ce temps d'émeutes et de mouvements populaires quotidiens. Il se passe maintenant plus d'événements en une semaine qu'en temps normal en un an. A contre-cœur nous optons pour Petrograd en songeant aux ennuis sans nombre qui nous y attendent.

Voici de nouveau la Perspective Nevsky. Elle ne me produit pas la mauvaise impression que je redoutais. Plus de meetings en plein vent, plus de flâneurs débraillés. Peut-être le froid qui commence à sévir est la principale cause de ce changement. En obligeant les gens à se vêtir chaudement il leur donne un aspect plus décent et ne laisse dans la rue que ceux qui ont l'obligation d'y aller. Peut-être, les pénibles visions que je garde de Moscou et d'Orsha me font trouver Petrograd agréable, par comparaison. Je commence peut-être aussi à m'habituer à tous les inconvénients du désordre.

Quoi qu'il en soit, l'aspect général de la foule est beaucoup plus relevé. Les femmes surtout ont une mise soignée. Comment peuvent-elles faire? Dans les magasins, les étoffes sont rares et à des prix fous. Chose curieuse, c'est la soie qui est l'article courant, la laine et le coton étant plus précieux que la perle et le diamant. La mode est bouleversée. On porte des toilettes de soie le matin et l'après-midi ; on réserve soigneusement celles en drap pour le soir. Une robe en laine ou coton et des bottines montantes, — voilà la tenue élégante d'une femme à l'Opéra. (Il est juste de dire que toute étiquette est bannie des théâtres depuis la Révolution). La pierre de touche est la chaussure. Quand vous marchez dans la rue, tous les regards sont fixés sur vos pieds. Le grand chic c'est la bottine montante et il faut avoir passé une saison en Russie pour se faire une idée des trésors de patience et d'énergie qu'il faut déployer pour s'en procurer.

En août, quand j'étais à Moscou, des sociétés s'étaient formées pour faire venir des chaussures directement des Etats-Unis. La livraison était annoncée pour le mois de février. On choisissait son modèle et on s'inscrivait pour trois ou quatre paires, payant 20 roubles d'avance sur chacune d'elles afin d'être sûr d'avoir sa pointure.

A Petrograd, je n'ai pas entendu parler d'organisations semblables, par contre, une fois, dans une confiserie, j'ai vu en belle place, derrière le comptoir, une jolie paire de « botiki » (bottes en drap, souvent ornées de fourrures, à semelles de caoutchouc pour la neige). Comme je regardais cet étalage, la vendeuse me proposa de les acheter, ajoutant :

— C'est une cliente de la maison qui les met en vente. Elle en a trouvé une paire plus à son goût. Profitez de l'occasion, c'est pour rien.

Cependant, c'est encore chez les bottiers qu'on va chercher ses souliers. On les visite un à un, ce qui prend d'habitude plusieurs après-midi. Parfois, par un heureux hasard, on y déniche ce dont on a besoin, mais, le plus souvent, il faut se faire chausser sur mesure. Ce n'est pas facile non plus. Un cordonnier manque de cuir, l'autre de clous, le troisième d'ouvriers et tous sont d'accord pour demander au moins 275 roubles d'une paire de bottines et deux mois pour l'exécution de la commande. Et ceci ne s'entend que des souliers de luxe. Tout ce qui est cordonnerie courante est bien plus inaccessible. Nous tombons alors dans les comités domiciliaires.

Fidèles au principe « l'union fait la force », les locataires d'une même maison forment généralement un comité sous la direction d'un président élu parmi eux. Pour économiser leur temps, ils se cotisent et chargent le concierge ou tout autre homme de bonne volonté de percevoir par leurs cartes les approvisionnements auxquels elles donnent droit. En plus, la maison entière s'affilie à une coopérative et ses membres se répartissent ce qu'ils peuvent en obtenir, tant en denrées qu'en autres marchandises. C'est au président qu'il appartient de faire le partage et lorsqu'on lui apporte un bon pour une ou deux paires de chaussures, c'est à lui de l'attribuer au plus nécessiteux. Alors, pour faire valoir leurs droits, les locataires viennent le trouver. Le président, bon juge, examine consciencieusement chaque paire de souliers, compte les ressemelages et les pièces, et après avoir apprécié l'état des talons et des tiges, prononce sa sentence en faveur du plus pitoyablement chaussé.

A mesure que se désorganise la vie publique, la compétence des comités devient de plus en plus vaste. Les assassinats et les vols, sous prétexte de réquisition, se multiplient dans les villes; il ne faut pas compter sur la police, eh bien! on en créera une chez soi, pour se défendre. La vie par clans renaît.

Plusieurs systèmes sont en vigueur.

Dans certaines maisons seuls les hommes font le guet.

Ils se divisent en petits groupes de cinq ou six, installent une salle de garde dans un des logements du bâtiment et tuent le temps en jouant aux cartes, en fumant et en buvant du thé pendant qu'à tour de rôle deux de leurs camarades, armés de fusils et de revolvers, parcourent l'escalier ou font faction devant la porte d'entrée principale. Celle-ci doit être fermée à partir de huit heures du soir jusqu'à six heures du matin. Dans l'intervalle, riches ou pauvres, n'ont droit qu'à la porte bâtarde et à l'escalier de service, avec ses relents de cuisine. Pour passer, il faut répondre au qui-vive des sentinelles domestiques, et, dans l'obscurité, leur décliner noms et qualités.

Dans d'autres maisons à locataires intransigeants, aux idées radicales, hommes et femmes, sans distinction d'âge ni de classe, doivent veiller à la sûreté commune, chacun rigoureusement à son tour. Ni la vieillesse, ni la fortune ne dispensent de cette corvée, les remplacements ne sont pas tolérés, tous doivent servir effectivement et personnellement. J'ai vu une pauvre vieille dame, d'excellente famille, gravir péniblement les marches de l'escalier tenant d'une main une lanterne vacillante et de l'autre un revolver qui lui inspirait une profonde terreur.

Enfin, dans des demeures moins outrancières, les habitants qui veulent reposer en sûreté louent un corps de garde civil ou militaire. Dans ce dernier cas, ils font appel aux soldats qui, le plus souvent, très heureux de cette aubaine, acceptent la proposition. Des maximalistes militants se trouvant parmi eux, on s'imagine être à l'abri des assauts de leurs camarades. Il n'y a que la foi qui sauve.

Lorsque, par hasard, il se produit une alerte, la sentinelle doit se précipiter au téléphone et demander secours à la milice pendant que ses compagnons d'armes supportent le premier choc. D'ailleurs la milice elle-même, qui a succédé à la police régulière, se compose d'engagés volontaires : ouvriers, étudiants, voire même écoliers. Il n'est pas rare de se trouver en présence d'un sergent de ville auquel on a envie de tirer les oreilles.

Malgré le côté comique de cette organisation de défense, il est certain qu'à Petrograd il y a eu beaucoup moins d'attaques nocturnes qu'en province et que leur nombre est en décroissance depuis l'été.

XI

LE COUP D'ÉTAT DU 7 NOVEMBRE

Dans la seconde semaine d'octobre, les Allemands occupent les îles Aland. On s'attend à une avance plus menaçante encore et chacun sait qu'aucune résistance ne va lui être opposée. Pendant un ou deux jours les esprits sont fiévreux.

De nombreuses familles proposent des commissions fabuleuses aux courtiers en échange de billets pour n'importe quelle destination. Des files en zig-zag se prolongent pendant des rues entières avant d'arriver aux agences des chemins de fer.

Les Petrogradiens ont l'impression que l'immense épervier lancé sur le pays se resserre, que ses mailles deviennent de plus en plus petites et que les frontières de la Russie se sont rétrécies pour eux au point de se confondre avec les faubourgs de la capitale. Le désir de fuir est unanime, mais devant l'inutilité des efforts pour le satisfaire, on en prend son parti et on vient rapidement à une espèce d'indifférence apparente qui n'exclut pas la gaieté et le goût des divertissements.

Plus que jamais j'ai le sentiment que la société se considère simple spectatrice des événements qui se déroulent. On se demande à chaque instant ce qui peut encore se produire exactement, comme un soir de première, le public essaie de deviner le dénouement de la pièce.

Je m'empresse d'ajouter que cet état d'âme est purement superficiel et que tous souffrent de la terrible situation du pays. Il est toujours douloureux de voir l'étranger vous envahir, mais c'est un désespoir bien plus profond encore de savoir qu'il n'y a rien à lui opposer, que la désorganisation générale est telle que même un semblant de résistance n'est pas possible et qu'une partie de votre pays se jette dans les bras de l'ennemi et lui ouvre toutes grandes les portes de la Patrie dans un but mesquin d'étroite politique.

Beaucoup n'hésiteraient pas à sacrifier leur vie pour l'indépendance et le relèvement de la Russie, mais toutes les bonnes volontés sont éparses, elles n'ont jamais été liées entre elles, elles s'ignorent même les unes les autres. La société n'a jamais eu d'organisation politique. Sans pratique, sans expérience, sans chef pour la conduire, elle est désemparée. Des centres de réaction se forment et deviennent de jour en jour plus nombreux, mais comme ils ont tous des programmes différents, leur influence est nulle.

Seuls, les officiers donnent des preuves éclatantes d'un véritable courage civique. Devant la désertion des soldats, ils n'ont pas hésité à les remplacer et ce sont des régiments d'officiers qui souvent ont marché à l'ennemi. Aussi leur nombre diminue-t-il sans cesse : ceux qui n'ont pas eu la suprême consolation de tomber au champ d'honneur sont massacrés par leurs propres hommes. Les supérieurs les plus aimés, ceux qui ont été décorés pour leur bravoure par les soldats eux-mêmes, n'ont plus aucun ascendant, et pour les motifs les plus futiles meurent assassinés. La société les admire, les considère comme des martyrs, mais ne les imite pas et se contente de traduire sa sympathie par des manifestations platoniques.

Ainsi, un soir, je suis allée au petit théâtre des miniatures. Un poète chansonnier vint sur la scène réciter une ode en l'honneur des officiers. Ce fut une explosion d'applaudissements et de huées. Le chanteur s'arrêta interdit. Quand le silence se rétablit, il demanda le motif des sifflets désapprobateurs.

— Pourquoi insultez-vous les soldats? cria une voix d'une des loges du balcon.

— Pardon, je n'en ai pas dit un mot.

Une clameur s'éleva.

— Votre silence est la pire des insultes. — Les soldats valent bien les officiers. — Assez, assez, qu'il ne chante plus ses inepties.

Personne n'eut le courage de dire que les soldats ne méritaient aucun éloge et ce fut l'acteur qui mit les rieurs de son côté en faisant observer que parmi ses interrupteurs il n'y avait que de jeunes civils dont la place était au front.

C'est à cette apathie générale que les bolcheviki doivent de s'être emparés du pouvoir.

Dans la nuit du 7 novembre, les partisans de Lénine s'emparent des bureaux centraux des postes et télégraphes, de la Banque d'Etat, des imprimeries des principaux journaux. Puis, prenant les arsenaux et les casernes, ils obligent l'Etat-Major à capituler. Vers les 9 heures du soir, ils amènent des canons devant le Palais d'Hiver — dernier refuge du Gouvernement provisoire — et le bombardent. Celui-ci n'est défendu que par une centaine d'élèves de l'Ecole militaire et un bataillon de femmes. Vers les deux heures du matin, les assaillants triomphent, pénètrent dans le Palais, arrêtent les Ministres et s'y livrent aux pires excès. — Kerensky s'échappe.

De bonne heure, des proclamations affichées sur les murs de la capitale annoncent l'avénement des bolcheviki. Personne ne croit à la durée du nouveau Gouvernement. La foule remplit les rues, peut-être un peu moins nombreuse que d'habitude, joyeuse, comme un enfant, de cette accumulation d'événements. Elle commente tranquillement le coup d'Etat ; le régime maximaliste paraît trop grotesque pour être pris au sérieux. — Kerensky est parti chercher des troupes qui, on en est persuadé, ne tarderont pas à rétablir son pouvoir.

Les bolcheviki eux-mêmes n'ont pas l'air très sûrs de leur triomphe. Ils ont beau annoncer que toute l'autorité appartient désormais aux Soviets, qu'une juste paix précédée d'un armistice immédiat ne va pas tarder à être établie, que les terres seront distribuées aux paysans et la propriété privée supprimée pour tous les immeubles, on les sent toujours sur le qui-vive.

Trois croiseurs de la Baltique viennent, menaçants, s'aligner sur la Néva. A la moindre escarmouche on ouvre les ponts tournants et la communication entre les deux rives reste coupée des heures entières. On n'ose plus traverser le fleuve de crainte de ne pouvoir rentrer chez soi.

Tous les journaux sont suspendus excepté les *Isvestia* (organe des Soviets) et la *Pravda* (organe de Lénine). Encore ces deux feuilles sont-elles rares et dès qu'un passant en tient une à la main, ceux qui le croisent lui demandent où il a pu se la procurer et veulent savoir les nouvelles qu'elle contient.

La garde rouge fait jalousement la police de la ville. Cette troupe est formée par des ouvriers sans uniformes, armés de fusils, reconnaissables au large brassard écarlate qu'ils portent au bras gauche. En les voyant défiler en bon ordre, par grands groupes, actifs et décidés, je ne puis m'empêcher de trouver leur allure beaucoup plus martiale que celle des soldats de la Révolution ; cette militarisation subite et volontaire de milliers d'ouvriers m'impressionne. Ils prennent certainement leur mission au sérieux, croient accomplir une œuvre de réel patriotisme et mettent leur amour-propre à rétablir l'ordre dans la capitale. Ils n'y réussissent pas pleinement, sans doute, mais leur effort n'est pas vain.

Les services publics fonctionnent mieux, les vivres paraissent plus abondants, les grévistes sont avertis d'avoir à reprendre leur travail. Allons-nous enfin sortir de ces sempiternelles grèves au milieu desquelles nous nous débattons depuis si longtemps? Les pharmaciens eux-mêmes reviendront-ils à de meilleurs sentiments?

Ce serait heureux, car leur grève qui dure depuis deux mois finit par lasser tout le monde. Après quelques jours de chômage complet, il y a bien une pharmacie ouverte par quartier, mais son service est loin d'être suffisant.

Comme les autres articles, les médicaments manquent en Russie. L'achat est une loterie, dont les billets sont payés par l'activité et la persévérance. Plus on fait de maisons, plus on a de chances de gagner. Mais, lorsque le nombre même de ces maisons est restreint, et elles sont disséminées à de grandes distances, il faut vraiment être né sous une heureuse étoile pour que le hasard vous accorde ce que vous lui demandez.

XII

UNE PETITE BOLCHEVIQUE

Après quelques batailles aux environs de Petrograd, le Gouvernement de Kerensky capitule. Voici donc la Russie représentée par Lénine et Trotzky! Cette fois on ne rit plus, on a honte. Les plus optimistes n'ont plus qu'un espoir : la rébellion des bolcheviki contre leurs propres chefs lorsque ceux-là s'apercevront enfin qu'ils ont été le jouet d'ambitieux sans scrupule ou d'illuminés sans expérience qui ne peuvent tenir aucune des mirifiques promesses qui leur ont été faites. L'abattement est général. Et puis quel temps lugubre, quelle vie triste sans un rayon de soleil, sans une seconde de franche clarté!

Le matin, au réveil, je lance un rapide coup d'œil par le fenêtre. J'aperçois, dans la faible lumière d'un jour gris, un ciel blafard et quelques formes noires, semblables à des paquets, qui s'agitent désespérément dans un tourbillon de neige. D'un mouvement instinctif, j'appuie sur le bouton électrique, mais, une fois sur deux, je reste dans l'obscurité (par mesure d'économie l'électricité n'est donnée que quatre fois par semaine et pour la nuit seulement). Ai-je encore un bout de cierge? Je finis par le trouver et l'allume avec reconnaissance et componction. Privés de pétrole et de bougies, les cierges sont notre unique ressource d'éclairage. Nous l'apprécions d'autant plus qu'elle ne va pas tarder à manquer également. L'Eglise a mis en doute la dévotion subitement centuplée de ses fidèles et ne veut plus vendre les cierges en grande quantité. On est obligé de les acheter un par un dans des temples différents et d'endormir la surveillance du gardien qui n'admet pas que les icones soient privées de ce qui leur est dû.

Une fois levée, je passe à la salle à manger, mon bougeoir à la main. J'avale une tasse de café noir avec un morceau de pain de la même couleur — lorsqu'il y en a — et me voilà dehors.

Dieu qu'il fait froid! Le vent fouette la figure et coupe la respiration ; le pavé, recouvert d'une couche épaisse de glace sur laquelle nul sable n'est plus jeté, est un terrain glissant qui se dérobe ; en traversant la rue, la neige s'enfonce et se colle aux jambes en compresses froides. Lorsque je rentre, mes mains sont raides comme du bois et je ne suis même pas capable d'enlever mon manteau moi-même.

Et pourtant, il faut bien sortir. Il faut bien que j'aille voir mes neveux, par exemple, qui, eux, sont consignés à la maison depuis plus d'une semaine à défaut de « botiki ». Nous leur en confectionnons nous-mêmes avec des bottes en feutre, du papier et du caoutchouc, et ils sont heureux d'avoir repris leur liberté.

J'ai des courses à faire aussi pour préparer mon départ. Pour raccourcir mon voyage, j'ai bien envie de passer par la Suède et la Norvège, mais combien de difficultés présente ce trajet. Les agences de location n'acceptent pas l'argent russe, les départs de Christiania sont très rares et irréguliers, dans les Pays scandinaves le rouble n'a pas cours, sur les vapeurs pour New-York tous les passages sont retenus long-temps d'avance. Et la Finlande! Sait-on jamais s'il y aura un train pour la traverser en temps voulu?

Mieux vaut la voie du Japon. Je vais aux informations et demande s'il reste encore une place disponible pour le Transsibérien du 14.

— Du 14 juin? dit l'employé.

— Nous sommes en novembre.

Bon nombre de mes compatriotes ne peuvent concevoir mon désir de repasser par Tokyo. Il est question d'une intervention nippone, souvent mal interprétée. On s'imagine que les Japonais vont venir en conquérants, profitant de l'anarchie du pays. Cette appréhension n'est pas partagée par une partie de l'« intelligentzia », bien au courant de la situation, mais la masse se méfie. — 1903 est encore trop rapproché.

Quoi qu'il en soit, il faut que je quitte la Russie au plus tôt. J'ai eu une petite fille à la fin d'octobre et ne trouve rien pour la nourrir et la vêtir. Il est impossible de se procurer une goutte de lait frais ou condensé, et les pharmacies, depuis plusieurs mois, n'ont plus aucun produit pour des nouveau-nés.

Je m'adresse à un commissionnaire marron pour obtenir un billet, car cette vente est faite clandestinement par quelques accapareurs. Il m'assure d'une réponse la veille de chaque départ du Transsibérien, mais ne peut rien me garantir à trois mois près.

Malgré cela, je prends toutes mes dispositions pour voyager avec mon si petit bébé. Je décide de le transporter dans un panier et me mets en quête. Quel modèle adopter ? La difficulté est vite tranchée, il n'y a pas de paniers à Petrograd. Enfin, après d'interminables recherches, un fleuriste propose de m'en commander un chez des aveugles. Ce sera une corbeille à fleurs.

Passons à d'autres difficultés : il me faut une fourrure

pour préserver l'enfant du froid. Dans un grand magasin, je trouve un assemblage de peaux de lapins, les dernières qui restent, je les couds sur un morceau de crépon rose que je découvre au fond d'une vieille malle — voilà ma couverture faite.

J'aurai besoin d'alcool pour préparer les aliments. Il n'y en a pas de liquide, mais l'alcool sec le remplacera.

Manque encore le principal — le riz. Où le trouver? En allant chez des parents et dans trois maisons qui me donnent généreusement toutes leurs réserves, je récolte deux livres en tout. Néanmoins, je ne suis pas tranquille. Ma petite fille aura-t-elle la force de résister à la fatigue du chemin de fer en ne buvant que de l'eau de riz?

Avant de partir, il y a encore le baptême. En temps normal, j'aurais eu le plaisir de réunir mes amis à cette cérémonie. Maintenant, il ne faut songer à inviter personne : chaque jour les bolcheviki reprennent la fusillade sous un prétexte quelconque et personne ne tient à sortir sans nécessité. Les événements de la vie privée doivent se restreindre à la plus stricte intimité. Chaque famille a trop de précocupations pour s'intéresser aux autres. Combien y en a-t-il qui traversent un moment de crise! Les Ministères et les banques ont décidé de cesser tout travail pour affirmer leur protestation au Gouvernement des bolcheviki et il est fort probable que cet acte va faire perdre leur situation aux grévistes. Que de malheureux passeront alors subitement d'un bien-être relatif à la misère!

Le baptême aura lieu à la maison. Nous allons à l'église voisine inviter le prêtre. Il viendra lundi, à une heure de l'après-midi, avec son diacre et son « diachok » (acolyte qui lit les prières et chante les psaumes).

Le salon est préparé pour les recevoir. Dans un coin, une table recouverte d'une nappe blanche. Au milieu, une grande icone d'or avec un bénitier, un goupillon et des cierges. Au centre de la pièce, sur une autre table, les fonts baptismaux.

Le diachok arrive le premier, tout de noir habillé, avec le registre paroissial sous le bras. Puis, viennent le prêtre et le diacre, qui revêtent leurs somptueuses chasubles, dénouent leurs chignons et laissent flotter de longs cheveux blonds sur leurs épaules.

Je dois me retirer, car la mère n'a pas le droit d'assister à ce sacrement. Je me cache derrière une tenture.

La marraine prend l'enfant dans ses bras. Le parrain n'ayant pu venir de Moscou — et pour cause —, est remplacé par mon neveu âgé de quatre ans, qui s'acquitte de son rôle avec la plus grande gravité. Ils tiennent chacun un cierge allumé à la main. Après les prières et les chants, précédé du prêtre, le cortège fait trois fois le tour de la vasque baptismale. Le bébé est remis à l'officiant, qui le plonge trois fois dans l'eau préalablement bénie. Puis, au milieu des prières, il l'oint des saintes huiles et lui coupe une mèche de cheveux. Ma petite fille m'est rendue et je m'empresse de la réchauffer dans des couvertures pendant que la solennité se termine.

D'après la tradition, nous devrions inviter tous les assistants à célébrer le baptême par un grand repas. Les circonstances que nous traversons s'y prêtent si peu que les prêtres s'empressent de prendre congé de nous pour regagner leur église.

Quelques jours après, je reçois un coup de téléphone m'avisant de me tenir prête à partir le lendemain. Le panier commandé par le fleuriste n'est pas prêt. Une cousine m'offre celui de la poupée de sa fillette. Il est si petit que mon bébé, âgé d'un mois, a pourtant de la peine à y entrer. — Plus tard, Mademoiselle ayant poussé pendant le trajet, je serai obligée de lui installer un nouveau lit dans une valise japonaise.

Je pars en pleine période électorale. Hommes et femmes reçoivent des bulletins de vote. La lutte a lieu principalement entre les bolcheviki et les cadets (constitutionnels-démocrates). Les premiers, détenant le pouvoir, en profitent pour se livrer à une propagande effrénée. Sur les tramways, ils ont mis d'immenses pancartes avec ces mots en grosses lettres : « Votez pour le pain, la terre et la paix ». L'action des Cadets est forcément plus discrète et ne peut avoir lieu dans les quartiers ouvriers. Cependant, ils auront la majorité à l'Assemblée, ce qui amènera sa dissolution par Lénine.

A la maison, j'assiste à de véritables réunions électorales. La cuisinière, la femme de chambre, la blanchisseuse et la concierge échangent des vues sur les mérites des différents partis. Elles veulent se mettre d'accord afin de voter pour la même liste. Chacune rapporte ce qu'elle a entendu dire :

— Moi, j'aimerais mieux les bolcheviki, ils nous donneront la paix et le pain ; d'ailleurs les cadets et tous les autres sont les ennemis du peuple, c'est le boucher qui me l'a dit.

— Et moi, on m'a affirmé que nous aurions la guerre avec ou sans bolcheviki.

— Je ne voterai pas du tout, dit une troisième, Dieu sait où cela peut nous conduire.

Au fond, et c'est peut-être là le sentiment général de ces apprentis politiciens, elles ont peur de se compromettre.

Jusqu'au dernier moment, essayant de me dissuader de partir, on me cite des exemples peu encourageants.

L'autre nuit, un train a été arrêté entre Petrograd et Moscou par les bolcheviki. Après avoir obligé les voyageurs à leur remettre tout l'argent qu'ils avaient, les maximalistes ont attribué cinquante roubles à chacun et sont partis avec le reste.

Le mécanicien d'un autre convoi laissa quatre vagons en route sans s'en apercevoir. Les passagers qui les occupaient ont passé plusieurs heures abandonnés en plein champ sans nourriture et sans chauffage.

Enfin, il y a une semaine à peine, on ignorait encore ce qu'étaient devenus les tableaux, statues et œuvres d'art de l'Ermitage et du musée Alexandre III, évacués de Petrograd et expédiés à Moscou. Il a fallu qu'une commission n'ayant aucun caractère officiel, composée d'artistes, se livre à d'actives recherches pour découvrir les trésors nationaux oubliés sur une voie de garage.

XIII

LE BÉBÉ DANS LE PANIER

Enfin, me voilà de nouveau dans le Transsibérien !
Dire que j'attendais ce moment avec tant d'impatience !
Maintenant je ne sais si je suis contente ou non. L'arrivée à
Porto-Rico est encore trop lointaine et subordonnée à trop
de circonstances pour que je puisse me réjouir, et j'ai trop
de préoccupations immédiates pour souffrir déjà vivement
du chagrin de la séparation.

Ma petite fille dort profondément dans son panier,
bercée par le roulement du vagon. Je profite de son sommeil
pour m'installer le plus commodément possible sur la ban-
quette d'en bas, qui m'a été cédée par ma compagne de
voyage.

Sur les vitres des compartiments, collées à l'extérieur,
je vois des pancartes qui disent : « Mission américaine ».

Je parcours la voiture et m'aperçois que beaucoup de voyageurs cherchent comme moi où peut se trouver cette mission. Comme nous ne la trouvons pas, nous finissons par conclure que nous sommes simplement dans le vagon qui l'a amenée à Petrograd. C'est exact, et bientôt nous apprenons qu'on a volontairement omis d'enlever ces pancartes afin qu'elles nous servissent de sauvegarde.

Déjà, dans toutes les gares, les bolcheviki ont envahi les autres voitures. A chaque arrêt, pour nous éviter ce désagrément, notre conducteur sort sur la plateforme et crie de tous ses poumons : « N'entrez pas ici, respectez la mission américaine ».

Cet avertissement suffit jusqu'à Viatka, mais là, les soldats insistent pour monter : « Où est-elle cette mission américaine, crient-ils, qu'on nous la montre ».

En désespoir de cause, le conducteur a soudain une inspiration, il se précipite dans un compartiment occupé par deux négresses qui retournaient aux Etats-Unis, danseuses de l'Olympia, je crois, les entraîne sur la plateforme, et les présente à la foule. Effrayées, elles protestent en anglais avec chaleur. Leur couleur et leurs exclamations produisent un effet foudroyant sur les assaillants qui se retirent convaincus.

A Perm, l'attaque est plus sérieuse. Au moment de nous mettre en marche, le vagon international est vraiment menacé.

Les soldats lancent des pierres contre les vitres, veulent monter en passant par les portières et nous insultent :

— Puisque vous nous résistez, sales bourgeois, nous vous obligerons tous à descendre et continuerons le voyage à votre place.

Nous nous barricadons. Il y a un moment de panique. Plusieurs de mes compagnons de route font leurs préparatifs pour abandonner le train.

A ce moment critique, le silence se fait tout d'un coup. Une voix d'homme s'élève. C'est un soldat qui conjure ses camarades de nous laisser partir en paix. Il parle longtemps et finit par avoir gain de cause. Nous repartons.

Notre marche, hélas, est de plus en plus lente. Les arrêts deviennent de plus en plus fréquents. Tantôt on nous enlève notre locomotive et nous restons en rase campagne sans savoir pour combien de temps, tantôt on oblige notre train à laisser passer devant lui des convois de petite vitesse.

Le typhus se déclare dans un vagon qui suit le nôtre et dans lequel j'ai failli prendre place. Arrivés à la gare d'Irkoutsk, on le décroche et on l'abandonne avec tous ceux qui s'y trouvent.

Nous n'avons plus d'eau. A toutes les gares je suis obligée de descendre et de courir en demander au buffet pour pouvoir préparer la nourriture de mon bébé. Je le fais avec terreur car je risque fort de le laisser continuer le voyage tout seul. Il n'y a plus d'arrêts fixes, ni aucun signal de départ, comment n'ai-je pas manqué le train plusieurs fois par jour ?

Quant à moi, je me nourris de pain et de thé durant les dix-huit jours que dure le trajet. Un vagon-restaurant est pourtant attaché à notre express, mais il est trop dangereux de s'y rendre : les ponts d'une voiture à l'autre sont recouverts de glace et n'ont pas de garde-fous. Les garçons eux-mêmes n'osent pas sortir.

A une station un voyageur intrépide a voulu tenter l'aventure, il a glissé et disparu sous le train. Le malheureux poussait des cris d'épouvante. On l'a vite ramassé et un instant après il jurait qu'il préférait jeûner toute sa vie plutôt que de recommencer l'expérience.

La lenteur de la marche nous énerve tellement que tous les passagers conviennent de se cotiser pour offrir un bon pourboire au mécanicien afin de le décider à accélérer son allure. Nous espérons également que notre générosité l'encouragera à se laisser arrêter moins facilement par les bolcheviki, mais malgré cet effort, nous ne remarquons pas un grand changement dans sa manière de faire.

Nouvelle émotion ! Dans une de nos nombreuses haltes, ma compagne descend pour acheter quelque chose au buffet.

Elle y trouve de succulents petits pâtés. Il y a si longtemps qu'elle est privée d'un pareil régal qu'elle s'attarde à le déguster. Quand elle revient le train est déjà en marche. Elle essaie de sauter sur le marchepied, ne peut y réussir et reste accrochée à la portière.

Heureusement qu'un Américain qui avait également manqué le train parvint, par ses cris, à attirer l'attention du mécanicien, lequel, reconnaissant dans le retardataire un de ses clients les plus généreux, se décida à stopper pour ne pas perdre son meilleur pourboire quotidien.

Plus nous avançons, plus je comprends la morne tristesse de la Sibérie. Nous traversons une immense mer de neige. Le ciel est livide. Les montagnes, les vallées, les arbres, les villages, tout a disparu sous une nappe blanche. Pas un bruit, pas un cri, pas un oiseau, aucun être vivant... Tout est si uniformément blanc sous ces nuages sombres que, par moment, on a peine à se convaincre qu'on est en marche. Le froid est horrible. C'est vraiment le royaume de la mort. Il semble que nous n'en sortirons jamais.

A Pogranichnaïa, nous recevons la visite des douaniers. Ils fouillent nos compartiments dans leurs moindres recoins et finissent par découvrir une couchette bourrée d'opium. Ils comptent les paquets à mesure qu'ils les retirent et arrivent au nombre de 35. Le propriétaire de cette contrebande est introuvable. Tous les voyageurs se pressent autour des perquisitionnaires et demandent à voir l'opium.

L'indignation du conducteur éclate :

— Voler le fisc, tromper la nation! Ce n'est pas assez de confisquer la marchandise, on devrait pendre les malfaiteurs.

Se tournant vers moi, il ajoute à voix basse :

Si cet imbécile m'avait seulement donné un petit pourboire, je lui aurais fait passer tout ce qu'il aurait voulu et le diable s'y serait cassé la patte! L'avarice, voilà!

Je ne l'écoute plus et vais voir ce qui se passe à l'autre bout du vagon. Les douaniers sont là agités et perplexes. Ils n'ont plus que vingt-neuf paquets d'opium. Vont-ils recommencer la perquisition? Ça ne leur sourit guère et ils finissent par partir en grommelant.

Le trajet est d'une si désespérante monotonie que je décide de ne pas aller jusqu'à Vladivostok. Je m'arrêterai à Kharbin, et un express traversant la Corée me portera à Fusan, d'où je pourrai m'embarquer pour le Japon.

Encore une difficulté. J'apprends qu'à partir de Kharbin, on n'accepte pas la nouvelle monnaie russe, c'est-à-dire les coupures de 20, 40, 250 et 1.000 roubles. Les Chinois ont même pris l'habitude d'en faire des boulettes qu'ils jettent dédaigneusement par terre sous vos yeux.

Comme tout mon avoir est en billets de 1.000 roubles, je cherche à m'en débarasser. Le conducteur s'offfe à me faire de la monnaie moyennant une légère commission de 300 roubles sur 1.000. Je le remercie et n'accepte pas son offre généreuse. Après deux jours de recherches, je m'entends avec le groom du vagon-restaurant qui me rapporte des coupures de 250 roubles. C'est encore trop fort. Je les distribue alors à tous les voyageurs qui prennent leurs repas dans les buffets. Ils s'en servent pour payer leurs dépenses et me rapportent ainsi de la petite monnaie.

Des habitants de Kharbin me recommandent de ne pas sortir de la gare et d'y passer les nuits en attendant mon express. Je pourrai toujours me renseigner par téléphone pour savoir s'il y a des chambres vacantes dans un des hôtels connus, mais, d'après eux, il ne faut guère y compter. Ils me conseillent surtout de me méfier des Chinois, qui, sous prétexte d'indiquer un hôtel, emmènent les étrangers sur les quais pour les dévaliser.

Mais arriverons-nous à Kharbin? A Mandchourie, nous croyons bien que non. On nous apprend que tout le train va être renvoyé à Petrograd avec tous ceux qu'il amène, bien entendu. Pendant les quelques heures que nous passons à cette gare, nous sommes sous le coup de la menace.

Quel soulagement lorsque nous reprenons le voyage!

C'est à peine si nous pouvons croire à notre bonheur en apercevant Kharbin. Nous devions mettre dix jours de Petrograd à Vladivostok et en voici déjà dix-huit que nous roulons. Aussi, le Transsibérien se vide, notre voiture n'emporte plus que deux passagers.

XIV

NUIT DE VEILLE A KHARBIN

CE n'est pas le moment de perdre la tête. Il faut faire
appel à tout son sang-froid. En bouclant mes valises, je fais
mon plan pour ne pas être prise au dépourvu en quittant le
train. Nous stoppons. J'appelle un porteur — un Chinois —
et lui dis de me conduire dans la salle d'attente pour dames.
Je ne sais s'il m'a compris, mais il fait un signe avec la tête,
enlève mon bagage et part au galop. J'ai peine à le suivre,
portant la corbeille où repose ma petite fille.

En entrant dans la salle d'attente, je recule dès le seuil.
Femmes et enfants sont couchés pêle-mêle sur le plancher
à côté de leurs pauvres hardes enveloppées dans de grands
mouchoirs de couleur. L'air est infect. De plus le local est
déjà bondé. Où vais-je déposer mon bébé?

Enfin, j'obtiens une chaise au buffet, installe l'enfant

dessus et prie la gardienne de le veiller pendant mon absence. Je suis, en effet, obligée d'aller faire une déclaration pour retirer ma malle, enregistrée jusqu'à Vladivostok, et veux m'enquérir par téléphone si un hôtel peut me recevoir. La bonne femme refuse.

— Et si vous ne revenez pas? dit-elle.

Je la regarde étonnée.

— Ce n'est pas la première fois que cela arriverait, c'est comme ça qu'on abandonne les enfants.

Une vieille paysanne qui se trouve près d'elle l'interrompt.

— Tu vois bien qu'elle n'est pas de celles-là.

Je comprends alors ses soupçons et, pour rassurer la mégère, lui fais observer que tout mon bagage reste là. Elle me paraît convaincue et accepte de s'occuper de ma petite fille.

Ma déclaration est faite, mais il ne se trouve pas de porteurs pour retirer ma malle et la porter à la consigne.

Dans le fourgon à bagage, avec une lanterne que me prête le conducteur, je fouille partout et finis par la découvrir. J'appelle le groom du vagon-restaurant qui, sur mes instances, se décide à venir m'aider. Nous voilà tous deux faisant d'inutiles efforts pour dégager ma malle du tas où elle se trouve. Un monsieur correctement vêtu qui du quai nous aperçoit a pitié de nous. Très aimablement, il joint ses forces aux nôtres et, après quelques minutes de travail, nous parvenons à dégager mon bienheureux colis.

Puisque tous les hôtels auxquels j'ai téléphoné sont archi-combles, retournons à la salle d'attente. Ma petite fille n'y est plus. Bouleversée, je cherche partout sans la trouver et commence à désespérer lorsqu'une des femmes me demande si j'ai perdu quelque chose.

— Je ne vois pas ma petite fille que j'ai laissée ici dans un panier.

— Je n'ai pas vu de petite fille, mais la gardienne avant de s'absenter a perché un panier sur cette armoire, là-bas, au fond de la salle.

Je m'y précipite, grimpe sur une chaise et retrouve mon bébé dormant tranquillement, sur son piédestal improvisé.

Les heures s'écoulent longues et pénibles. Mon enfant sur les genoux, je reste dans une immobilité forcée. Vers le milieu de la nuit, la porte s'ouvre pour laisser passer un tout jeune soldat. Il jette à terre son manteau et s'allonge dessus presque à mes pieds. Un murmure désapprobateur s'élève :

— Tu ne sais donc pas que les hommes ne doivent pas entrer ici, petit gars, dit enfin une voix.

Le soldat se mit à rire :

— Je suis une femme comme vous, j'appartiens au bataillon de la mort.

Des paroles s'entrecroisèrent.:

— C'est bien ça, je voyais bien qu'il avait l'air d'une petite fille.

— Pauvre petite, elle ferait mieux de rester chez elle.

— Non, non, ce n'est pas un métier de femmes.

— Il faut être courageux tout de même, etc., etc.

Le silence se rétablit pour ne pas troubler le repos des dormeurs.

Attirée, je regarde la figure ronde de la femme-soldat, ses yeux gris, son nez en boule, sa bouche potelée. Vraiment elle a bien l'air d'un petit villageois de quatorze à quinze ans.

C'est elle qui m'adresse la parole la première et qui tout bas me demande :

— C'est un enfant que vous avez là?

Je fais signe que oui.

— Vous avez l'air fatiguée, voulez-vous me le passer, je le bercerai s'il pleure.

— Merci, c'est vous qui devez être fatiguée — lui dis-je en pensant à toutes les épreuves qu'elle avait dû subir — quand vous êtes-vous engagée?

— Oh, dès l'appel.

— Pourquoi?

— Mon frère a été tué par les Allemands.

— Et on vous a laissé partir, chez vous?

— Je n'étais plus à la maison. Je travaillais en ville. Au village on s'est moqué de moi, sans doute, mais que m'importe !

— La vie au régiment a dû vous sembler bien dure !

— Au début, oui, mais, comme je n'ai jamais été gâtée, je me suis vite habituée. J'aime cette vie.

J'aurais voulu continuer notre conversation. Les nombreux « pschut » nous obligent à nous taire. Le petit soldat ne tarde pas à s'endormir. Quant à moi, j'attends le jour avec la plus grande impatience.

Il se lève enfin ce soleil tant attendu. On s'étire en bâillant et on passe au petit lavabo tour à tour. Deux tables surgissent comme par enchantement, chacun apporte du thé, de l'eau, du pain, du sucre, et l'on fait un repas en commun. Je vois que les jours d'attente ont uni tout le monde. J'attends la fin du festin pour aller faire quelques emplettes indispensables et voir s'il n'y a pas moyen de continuer le voyage.

Au buffet, la majorité des passagers sommeille toujours. un petit nombre attend avec impatience le café qui n'est pas encore prêt. Dans les autres salles, des files se sont déjà formées devant les guichets. Il passe beaucoup de militaires chinois car ils viennent d'occuper la ville. La salle d'attente de troisième est également pleine d'asiatiques, qui, accroupis par terre, bavardent, dorment et mangent.

Je prends un traîneau. Le cocher ne comprend pas un mot de russe. Heureusement je me souviens des conversations entendues dans le Transsibérien sur le plan de la ville, et, par geste, lui indique le chemin.

Quel triste aspect offre Kharbin en hiver! On entrevoit à peine les maisons au fond des jardins. A huit heures du matin tout dort encore. Les rues sont désertes. Il fait trente-cinq degrés centigrade au-dessous de zéro. Le froid semble étouffer toute vie et tout mouvement. Je le comprends du reste. Dehors depuis dix minutes à peine, je me sens déjà tout engourdie. La pensée même travaille plus lentement.

Ce m'est un grand soulagement d'apprendre qu'il y a un train pour Changchun à deux heures de l'après-midi. Là-bas, je pourrai attendre dans un hôtel l'express pour Fusan. Le chef de gare, sur ma demande, me délivre de bonne grâce une permission pour prendre place dans le train sans tarder.

Vais-je trouver un porteur? Je cours par toute la gare, mais aucun ne consent à me prêter ses services. Sont-ils vraiment occupés où ne me comprennent-ils pas, — je ne sais, pour moi le résultat est le même.

Une heure de l'après-midi! Ma permission ne m'est plus utile. Pourvu que je ne manque pas le départ! En désespoir de cause, je m'adresse à un soldat et le prie de m'aider.

Il charge sur son dos toutes mes valises et nous voilà
partis.

Le train est sur une voie de garage et on ne va pas l'ame-
ner à quai. Il faut escalader plusieurs vagons de marchandises
et locomotives qui nous barrent le chemin. Le terrain est
glissant, je ne puis me servir de mes mains, portant toujours
le bébé. Jamais de ma vie je n'ai fait pareille gymnastique.
Par moments j'ai presque envie de retourner à la station et
ce n'est que le souvenir bien vivant de la nuit passée qui
m'oblige à avancer.

Nous y voici enfin. Le soldat m'installe.

— Je ne sais comment vous remercier, lui dis-je, en
prenant congé.

— Mais non, je suis très heureux de vous avoir été
utile au moment où vous quittez la Russie. En partant sur
une meilleure impression peut-être garderez-vous un moins
mauvais souvenir du soldat russe et aurez-vous plus de confiance en lui.

XV

RETOUR AUX ANTILLES

CHANGCHUN, Fusan, Shimonoseki! Combien cela me
semble déjà loin! J'ai traversé si vite ces pays merveilleux
que je n'ai pu en garder que des visions inoubliables. Les
images colorées et vivantes, gaies, tristes et tendres se fixèrent
d'elles-mêmes et pour toujours dans ma mémoire comme
pour atténuer mon regret de ne pouvoir les contempler plus
longtemps.

Et pourtant mon arrivée à Changchun m'a apporté une
nouvelle désillusion. Le seul bon hôtel de l'endroit était
plein et j'ai bien failli passer une autre nuit blanche.

Assise dans le hall, je me suis trouvée avec d'autres
voyageurs venus de Kharbin. Parmi eux, j'ai aperçu tout
d'un coup une figure connue — un Américain qui avait fait
le trajet avec moi dans le Transsibérien.

— Figurez-vous, me dit-il, que j'ai perdu à Kharbin trois de mes valises à main. Un Chinois s'est présenté comme porteur à la sortie du train, je lui ai livré mon bagage et, sans mot dire, il s'est mis à courir. Voyant qu'il quittait la gare, je l'ai poursuivi, mais il avait de bien meilleures jambes que moi et a disparu dans l'obscurité.

— J'aurais préféré perdre tout mon avoir, interrompit un autre voyageur, pour éviter les épreuves que nous venons de subir. Nous sommes partis de Petrograd avec l'express du 7 pour Vladivostok. Cinq nuits écoulées sans dormir à la gare de cette ville maudite ! Pas une chambre. Les salles de billard même regorgent de monde. Pas moyen de s'embarquer pour Tsuruga non plus. Les départs sont irréguliers et rien que pour obtenir un seul passage il faut se mettre en quatre. Nous avons été obligés de revenir sur nos pas jusqu'à Kharbin. Et maintenant va-t-on pouvoir dormir encore !

Sur ces entrefaites, j'aperçus le manager qui me faisait des signes mystérieux. Il avait trouvé moyen de m'installer en mettant un lit dans une des salles à manger. Un peu gênée de ma bonne chance, je vais prendre congé des deux compagnons de misère.

Traversant la Corée, j'aperçois par la fenêtre une neige blanche, brillante comme du verre sous le soleil, et des hommes et des femmes tout en blanc. Les femmes portent de larges pantalons à la turque et une couverture qui, partant de la tête, leur tombe aux reins. Elles semblent faites au tour et très vigoureuses. La tradition veut que le costume des Coréennes vienne du temps où presque tous les hommes ayant été massacrés par l'ennemi, elles revêtaient les costumes de leurs morts pour aller au combat.

A Fusan, je n'ai que le temps de m'embarquer. Nous arrivons juste pour le lever du soleil. Le port, encerclé de montagnes, laisse à peine entrevoir la ville. Il est tout rosé, ce matin. Le navire passe tout près de Tsushima, non loin de là notre flotte, commandée par Rodjdestvenskiy, a essuyé un désastre en mars 1905. Combien de fois m'étais-je représenté l'heure fatale où trente-huit de nos navires de guerre ont été détruits par l'amiral Togo. Pour quelques instants le radieux paysage me semble tragique.

Shimonoseki, le Japon traversé dans une bonne partie de sa longueur, et Yokohama.

Après les privations de la Russie, je jouis de la lumière, de la douceur du temps, de la vie, avec une intensité toute neuve. Je pense avec dépit aux années gâchées, perdues, que passent en Russie ceux que j'y ai laissés.

Après une dizaine de jours nous stoppons à Honolulu pour vingt-quatre heures. Je visite l'aquarium et fais une longue promenade en auto. La ville n'est pas bien grande, mais les nombreux hôtels et magasins sont superbes. Quant à la nature, elle me rappelle beaucoup Porto-Rico. Les palmiers, bananiers, orangers, arbres à pain et manguiers me sont familiers depuis longtemps. A quelques kilomètres de Honolulu, la nature devient plus majestueuse. Nous suivons une route superbe : d'un côté, des montagnes abruptes, de l'autre, tout en bas, s'étend l'océan bleu.

Le lendemain, au départ, un orchestre vient jouer sur le quai pendant que des jeunes filles nous apportent des guirlandes de roses, tulipes et œillets. C'est une coutume du pays, une preuve d'hospitalité. Tous les navires partent accompagnés de musique, les passagers ornés de colliers de fleurs.

Encore huit jours et le *Golden Gate* apparaît. C'est San-Francisco. Mon court séjour me permet d'en admirer les merveilles ainsi que celles des Etats du Sud que je traverse sans m'y détenir. Je suis pressée d'arriver à New-York pour cingler immédiatement pour Porto-Rico.

Le 30 janvier 1918 je suis de retour à Saint-Jean. Ma petite fille a trois mois, sur lesquels elle compte déjà huit semaines de chemin de fer et de paquebot.

FIN

IMPRIMÉ

PAR AUDIN ET COMPAGNIE

RUE DAVOUT, 3

A LYON

9 782329 756172